AF275167

Disfrute gratuitamente **DURANTE UN AÑO** de los eBook y audiolibros de las obras de Editorial Colex*

- ⊘ Acceda a la página web de la editorial **www.colex.es**

- ⊘ Identifíquese con su usuario y contraseña. En caso de no disponer de una cuenta regístrese.

- ⊘ Acceda en el menú de usuario a la pestaña «Mis códigos» e introduzca el que aparece a continuación:

RASCAR PARA VISUALIZAR EL CÓDIGO

- ⊘ Una vez se valide el código, aparecerá una ventana de confirmación y su eBook y/o audiolibro estará disponible **durante 1 año desde su activación** en la pestaña «Mis libros» en el menú de usuario.

---

* Los audiolibros están disponibles en las ediciones más recientes de nuestras obras. Se excluyen expresamente las colecciones «Códigos comentados», «Biblioteca digital» y los productos de www.vademecumlegal.es.

No se admitirá la devolución si el código promocional ha sido manipulado y/o utilizado.

¡Gracias por confiar en nosotros!

La obra que acaba de adquirir incluye de forma gratuita la versión electrónica. Acceda a nuestra página web para aprovechar todas las funcionalidades de las que dispone en nuestro lector.

Funcionalidades eBook

Acceso desde cualquier dispositivo con conexión a internet

Idéntica visualización a la edición de papel

Navegación intuitiva

Tamaño del texto adaptable

Síguenos en: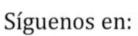

GUÍA DE CONOCIMIENTOS BÁSICOS DE

AutoCAD

GUÍA DE CONOCIMIENTOS BÁSICOS DE

AutoCAD

Carlos Losada Pérez

Mateo Álvarez Orjales

Antonio Pernas Varela

COLEX 2025

© Carlos Losada Pérez, Mateo Álvarez Orjales, Antonio Pernas Varela

© Editorial Colex, S.L.
Calle Costa Rica, número 5, 3.º B (local comercial)
A Coruña, 15004, A Coruña (Galicia)
info@colex.es
www.colex.es

I.S.B.N.: 979-13-7011-342-1
Depósito legal: C 1440-2025
DOI: https://doi.org/10.69592/979-13-7011-342-1

SUMARIO

1
DIBUJO GEOMÉTRICO

2
ELEMENTOS DE REPRESENTACIÓN, CAPAS Y TEXTO

3
PLANTILLA DE TRABAJO

4
CAJETÍN DEL DOCUMENTO N.º 2: PLANOS

5
PLANO DE SECCIÓN DE EDIFICACIÓN

6
GENERACIÓN DE PLANTILLA

7
IMPRESIÓN PDF

8
LISTA DE COMANDOS

INTRODUCCIÓN

Este cuaderno nace por necesidad de plasmar unos breves conocimientos de Autocad elemental, a estudiantes del Grado en Arquitectura Técnica de primer curso, de manera gráfica y sencilla. No se explican los comandos en profundidad, porque el programa dispone de ayuda con la tecla F1 para aclarar cualquier duda.

El objetivo ha sido tratar los aspectos más relevantes, a juicio de los que suscriben, para iniciarse de manera eficiente y con paso firme, en la herramienta gráfica más utilizada durante las últimas décadas.

La destreza en el manejo del programa es harina de otro costal, precisa del ejercicio contante y una sistemática de aprendizaje apropiada.

1

DIBUJO GEOMÉTRICO

1.1. Herramientas principales

1.1.1. Herramientas de dibujo

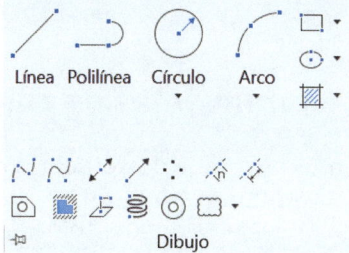

_LINE LINEA L

La línea se define por las coordenadas de los puntos extremos. **F12** activa o desactiva la entrada dinámica, para introducir coordenadas relativas o absolutas.

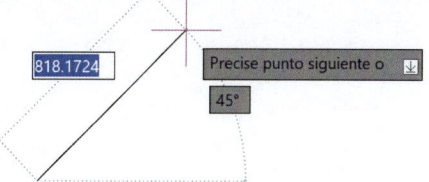

_CIRCLE CIRCULO C

Un círculo se traza mediante «Punto central y radio»; otras opciones: «3 puntos», «tangente, tangente, radio».

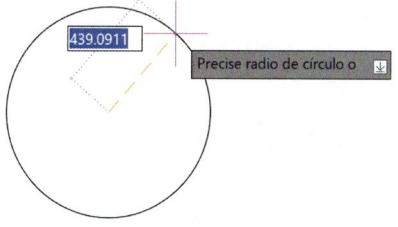

_ARC ARCO A

El dibujo de un arco se realiza por defecto mediante tres puntos. La herramienta permite múltiples entradas.

_SPLINE SPL

Dibujo de curva continua sin quiebros, que pasa por los vértices de una poligonal y/o por los puntos medios de sus lados.

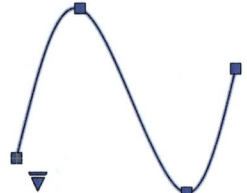

1.1.2. Herramientas de edición

La selección de elementos se realiza de derecha a izquierda (ventana azul). Y de izquierda a derecha (ventana verde). En el primer caso estarán totalmente dentro de la selección; en el segundo, sólo parcialmente.

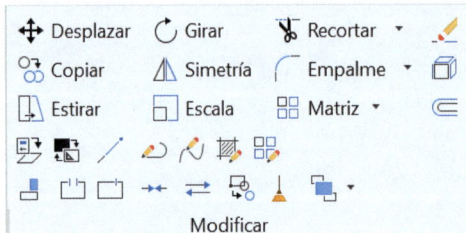

_MOVE DESPLAZA D

_ERASE BORRA B

También se puede borrar haciendo una selección y «Suprimir»

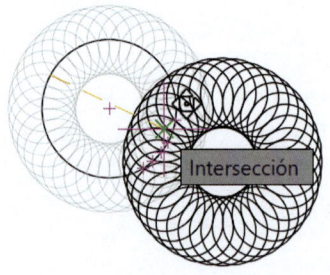

_OFFSET DESFASE EQ

Genera curvas o líneas paralelas a una distancia escogida.

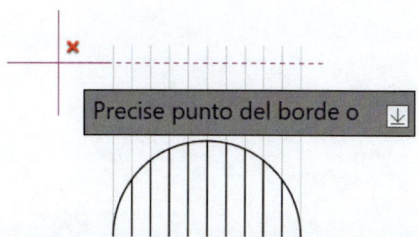

_TRIM RECORTA RR

Selección de segmento entre líneas o mediante una línea de corte.

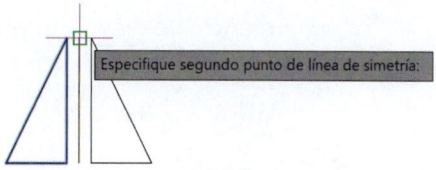

_EXTEND ALARGA AL

Se alargan líneas hasta que encuentran otro elemento.

_MIRROR SIMETRIA SI

La herramienta simetría precisa definir un eje mediante dos puntos. Puede mantenerse el original para completar la simetría, o borrarlo para sólo representar en espejo.

_ROTATE GIRA GI

Tras establecer el centro de giro, el ángulo de rotación puede teclearse o realizar por referencia (leer la barra de comando).

_COPY COPIA CP

Se dibuja un objeto igual entre dos puntos.

_FILLET EMPALME

Dos segmentos se unen con un arco de ángulo definido. Muy utilizado con radio nulo.

_SCALE ESCALA ES

Se define el punto base y el factor de escala, por teclado o referencia.

_ARRAY MATRIZ MA

Herramienta que genera una serie de elementos iguales. Tipos:

- Rectangular: Cuadrícula de 3 filas x 4 columnas. Puede cambiarse la distancia entre hileras y su número.

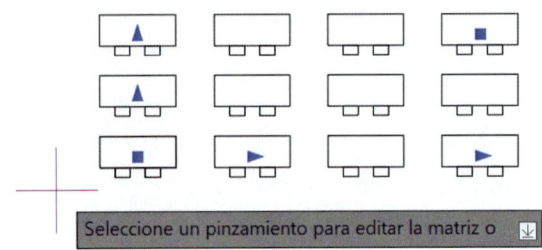

- Polar: Desde un punto base, con 6 elementos por defecto. Puede modificarse su número y el ángulo cubierto.
- Seguimiento: Se disponen vinculadas a una directriz.

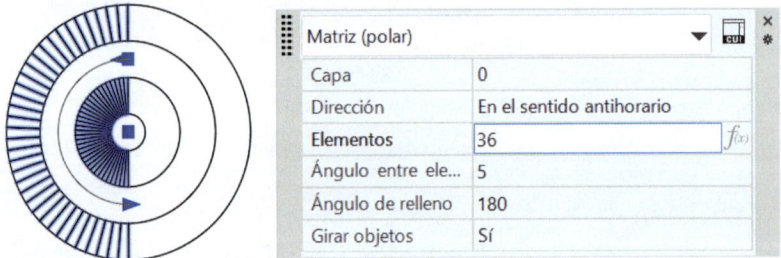

1.2. Forzados de cursor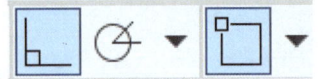

1.2.1. Restricción ortogonal

Forzado de cursor que permite dibujar líneas en las direcciones principales de X o de Y. Con una coordenada bloqueada, se indica sólo la otra con el puntero, o bien por teclado.

F8 activa o desactiva el dibujo ortogonal.

1.2.2. Rastreo polar

El Rastreo Polar fuerza el cursor en el entorno del ángulo múltiple de valor escogido. Indica la dirección encontrada con una línea de puntos.

F10 activa o desactiva el rastreo polar.

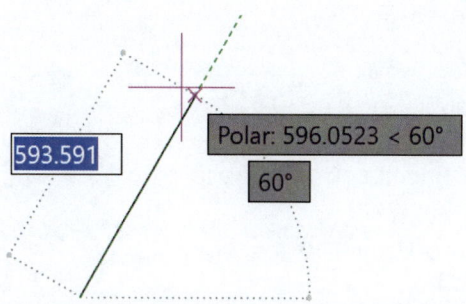

1.2.3. Referencias a objetos

Ayudas para captar ciertos puntos que facilitan el dibujo, por ejemplo, el punto medio o el punto final de una línea. Referencia a «cercano» sólo se activa cuando sea necesario.

F3 activa o desactiva las referencias a objetos.

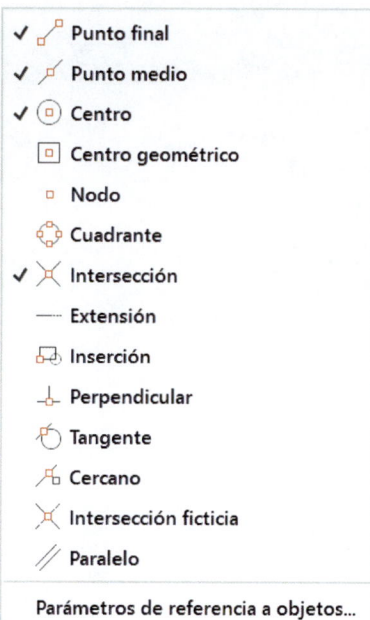

1.3. CAD/ PRÁCTICA 01. Dibujo geométrico

DIBUJO GEOMÉTRICO	EJEMPLOS

1. Busca una imagen de una *Mandala* u otro dibujo geométrico similar y descárgalo en formato JPG

2. Abre AutoCAD

3. Importa la imagen **_IMAGEATTACH**

4. Aplica Zoom: **_ZOOM Z** (Zoom Extensión se puede hacer con doble clic sobre la rueda del ratón)

5. Marca el Rastreo Polar **F10** (escoge con botón dcho.)

6. Marca el forzado de cursor a puntos de referencia. Referencia a objetos **F3** (escoge con botón dcho.)

7. Guarda el archivo **_QSAVE** GUARDA

8. Realiza el trazado con los comandos de dibujo:

   1. **_LINE** LINEA L
   2. **_CIRCLE** CIRCULO C
   3. **_ARC** ARCO A
   4. **_SPLINE** SPL

9. Modifica mediante los comand**os:**

   1. **_MOVE** DESPLAZA D
   2. **_ERASE** BORRA B
   3. **_OFFSET** DESFASE EQ
   4. **_TRIM** RECORTA RR
   5. **_EXTEND** ALARGA AL
   6. **_MIRROR** SIMETRIA SI
   7. **_ROTATE** GIRA GI
   8. **_COPY** COPIA CP
   9. **_SCALE** ESCALA ES
   10. **_FILLET** EMPALME
   11. **_ARRAY** MATRIZ MA

2

ELEMENTOS DE REPRESENTACIÓN, CAPAS Y TEXTO

2.1. Tipos de línea

Dentro del grupo propiedades encontramos colores, grosores y tipos de línea. Por defecto se definen «PorCapa». Lo que se recomienda mantener.

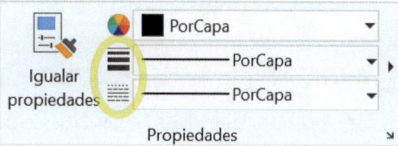

Comando:	<mark>_LINETIPE</mark>	TIPOLIN

Administrador de tipos de línea. Carga otros tipos de línea.

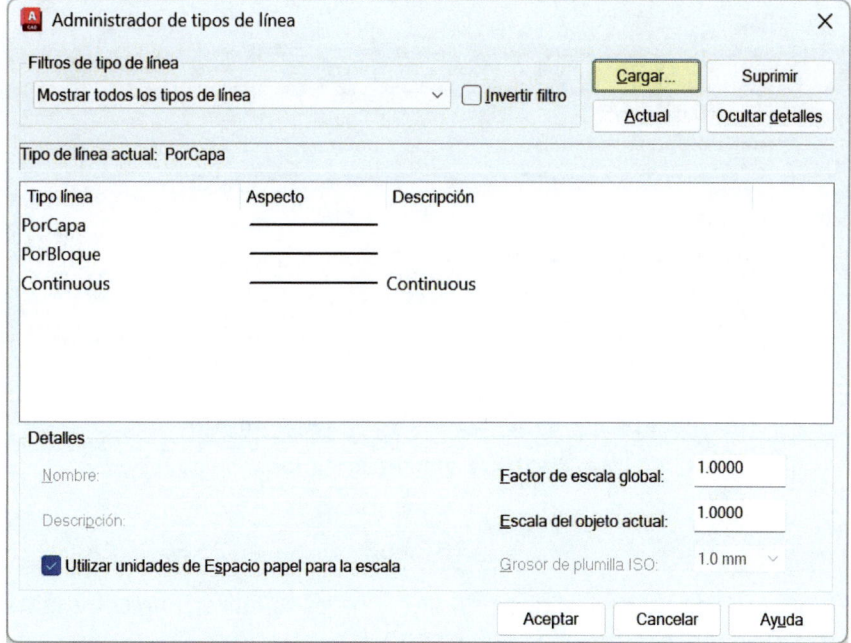

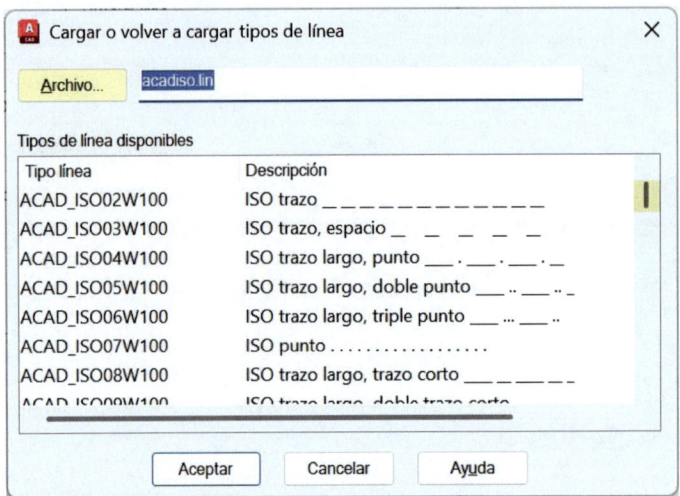

AutoCAD abre el archivo acadiso.lin.

Se puede abrir este archivo con bloc de notas o generar una copia del mismo y abrir, para modificar sus parámetros.

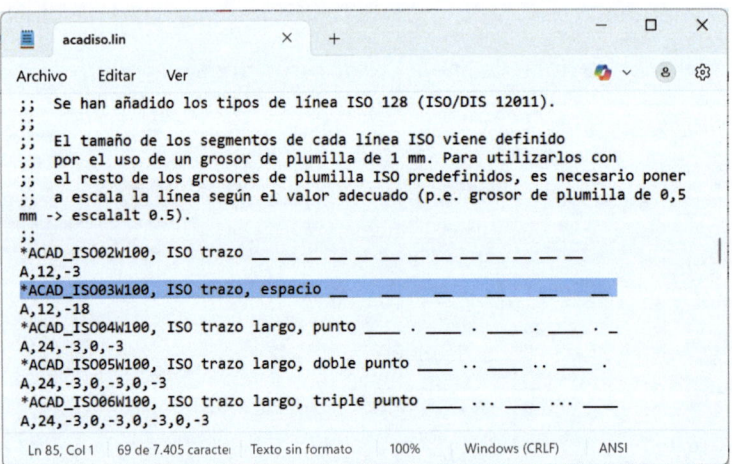

- Utilizar tipos de línea ISO 128, o de la misma familia
- Probar ACAD ISO 03W100 con trazo y espacio largo A,12,-18

Comando:	_LTSCALE	ESCALATL

Cambia la escala de los tipos de línea, para visualizar correctamente la separación de trazos de una línea discontinua.

2.2. Capas

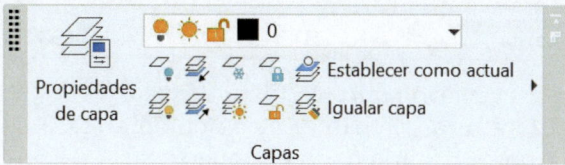

Las propiedades de los objetos se gestionan preferentemente de forma global desde las capas, para un control más eficaz de los atributos.

Acciones dentro del grupo capas:

- Capa Nueva, inutilizada, borrar capa, capa actual

- Apaga, aísla, congela, bloquea, actual

- Muestra, desaísla, descongela, desbloquea, e iguala propiedades

- Cambia el elemento a la capa actual, copia elementos a una capa nueva, muestra objetos de una capa, inutiliza el resto de capas o fusiona capas

Comando:	_LAYER	CAPA	CA

Muestra el listado de capas, junto con sus propiedades.

Las propiedades de los elementos: tipo de línea, grosor, color... es preferible sean modificadas desde este administrador de propiedades de capas, de forma conjunta.

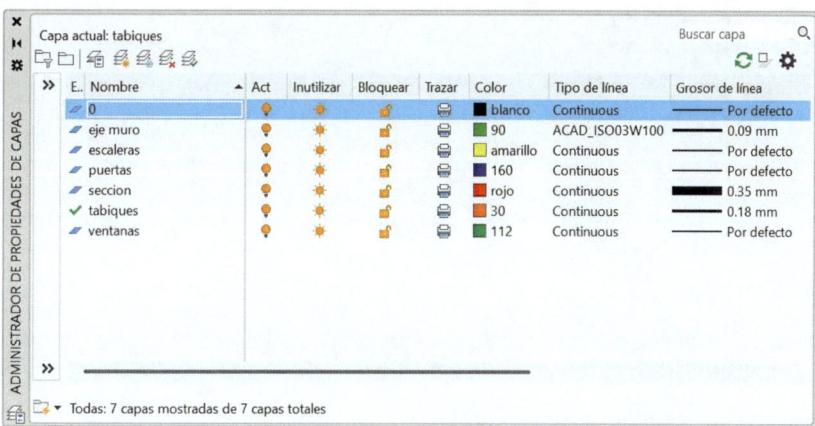

2.3. Textos

Comando:	_STYLE	ESTILO	EST

Puede hacerse un nuevo estilo de texto desde el botón Nuevo... y escogerse la fuente, la altura de texto y otros parámetros. Puede ponerse la altura en 0.000, para definirla cada vez que se vaya a escribir, o bien fijar una cantidad.

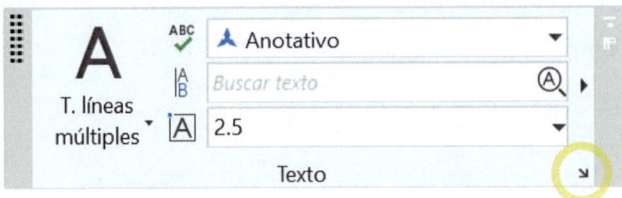

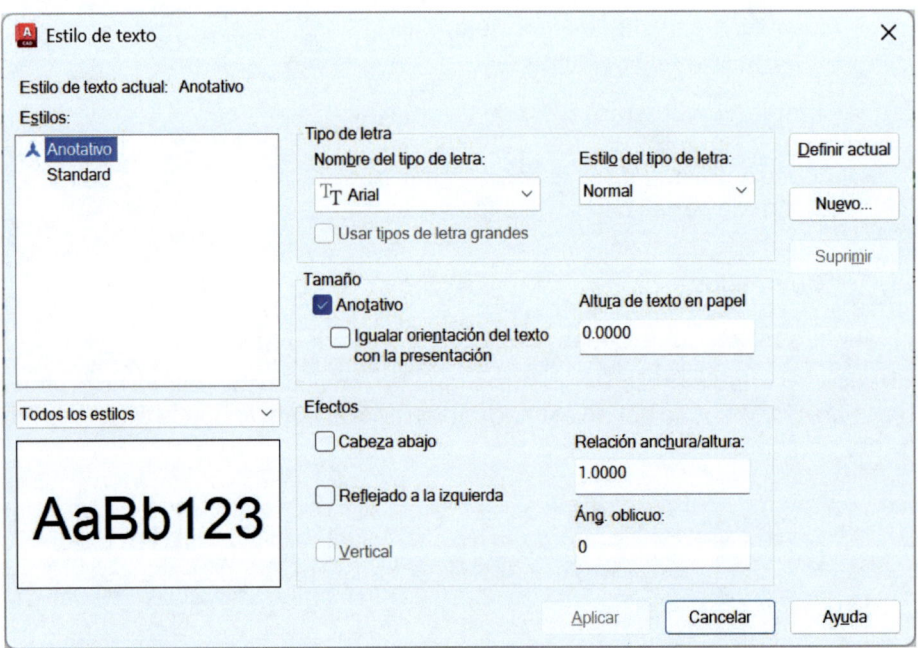

Comando:	_TEXT	TEXTO	T

Texto en una línea.

Comando:	_MTEXT	TEXTOM	

Texto en varias líneas.

2.4. Directriz

Comando:	_MLEADERSTYLE	ESTILDIRECTRIZM

Comando para editar el estilo de una directriz.

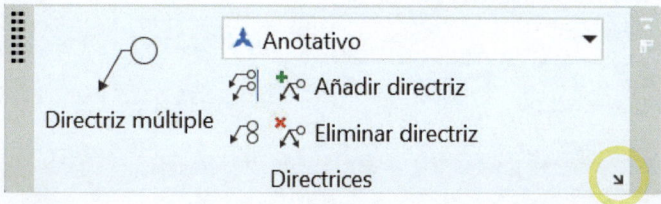

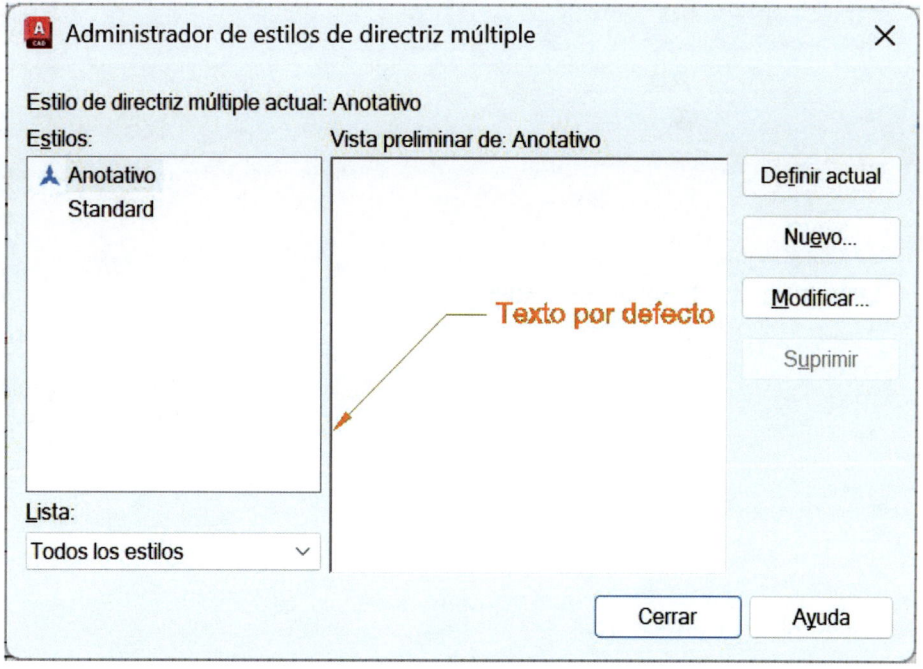

| Comando: | _MLEADER | DIRECTRIZ |

Solicita la posición de la cabeza de la flecha en primer lugar y después la ubicación del texto.

Para una directriz horizontal activar el forzado de cursor ortogonal (F8); para trazar una inclinación, activar el forzado de cursor angular (F10)

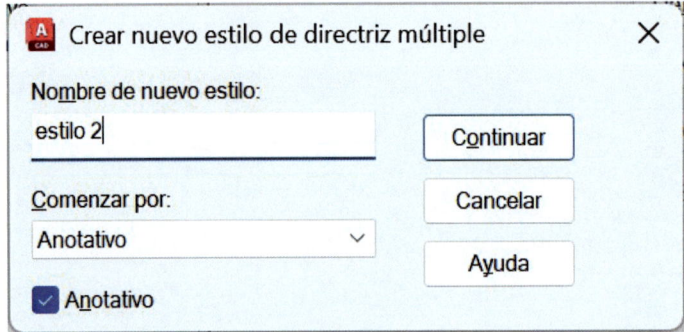

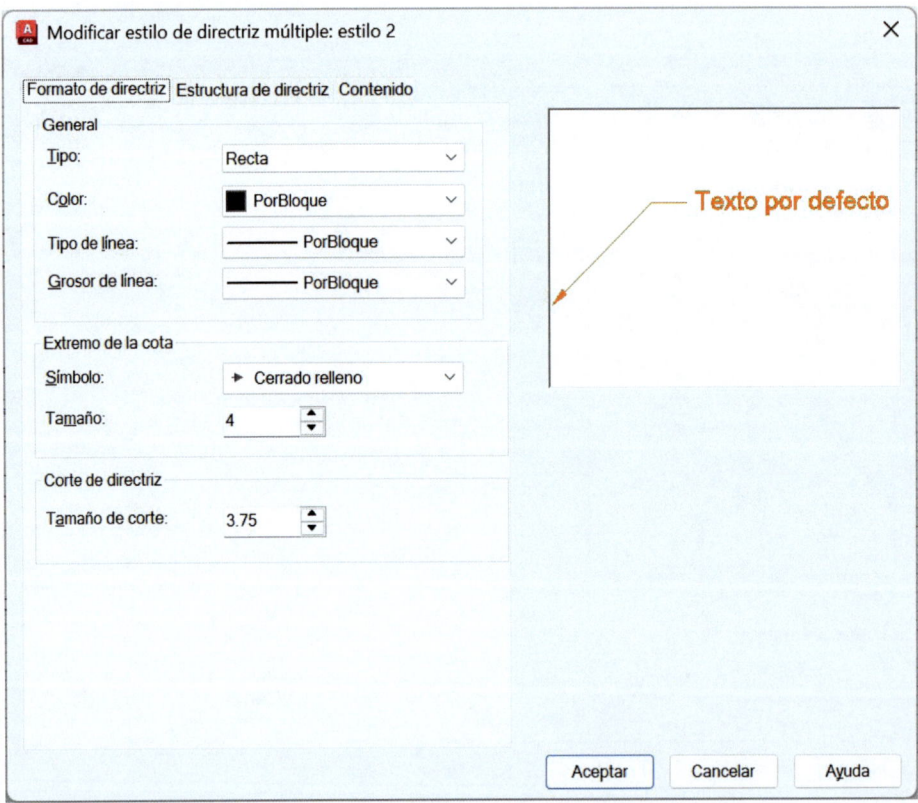

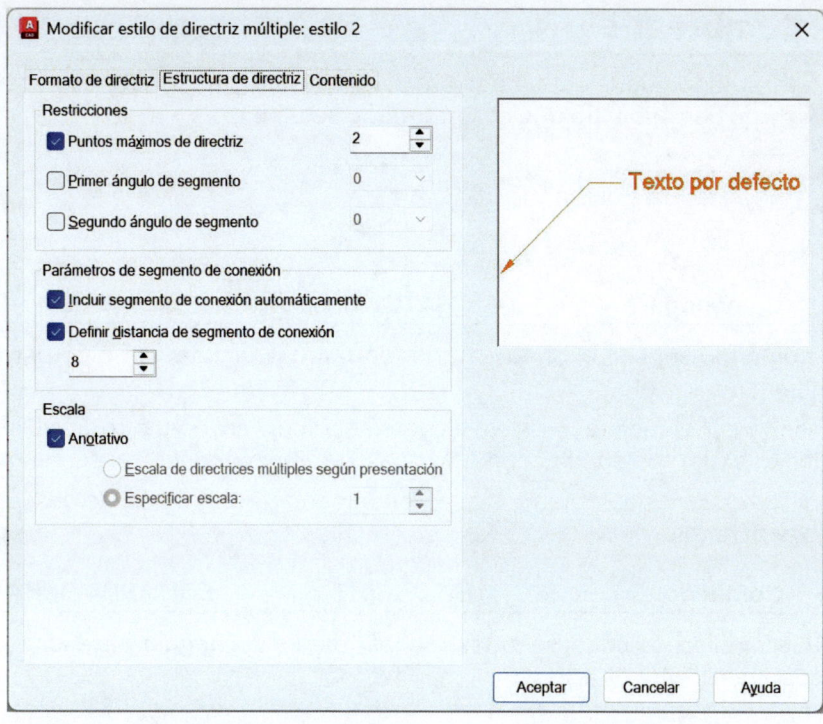

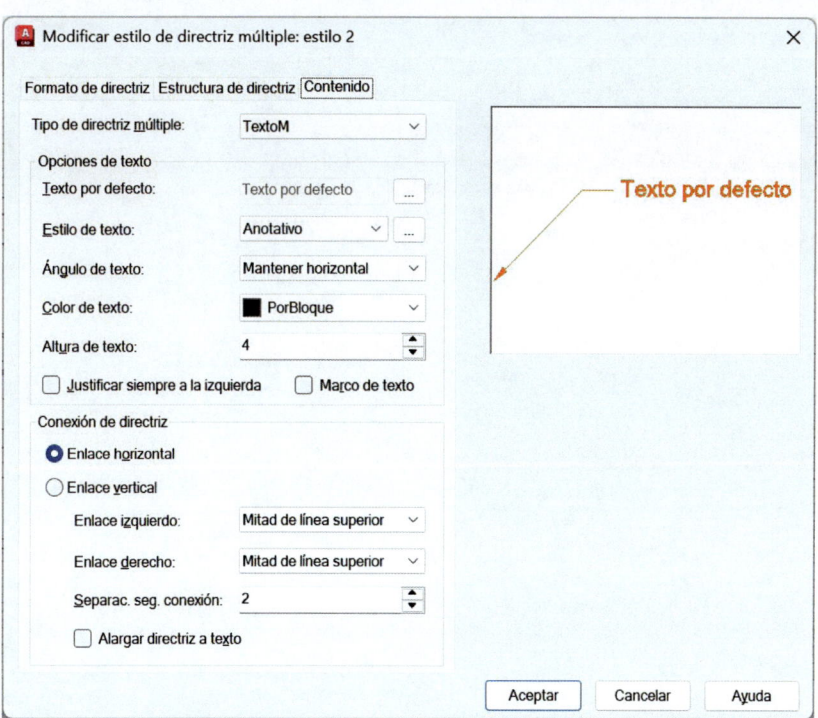

2.5. Sombreado

El sombreado puede ser un patrón, un color o un degradado. Se necesita un contorno cerrado para que el sombreado se dibuje.

Comando:	_HATCH	SOMBREA

El comando solicita el punto interior a un área cerrada; también permite seleccionar un objeto.

Tras marcar el recinto, puede escogerse el dibujo sólido u otro tipo. Puede modificarse sus propiedades, como la escala de dibujo, ángulo, transparencia, ...

A mayores de los sombreados que vienen por defecto es posible descargar más o generarlos.

Comando:	_HATCHEDIT	EDITASOMBREA

Al editar el sombreado, se muestran los valores del ángulo y la escala, o la transparencia.

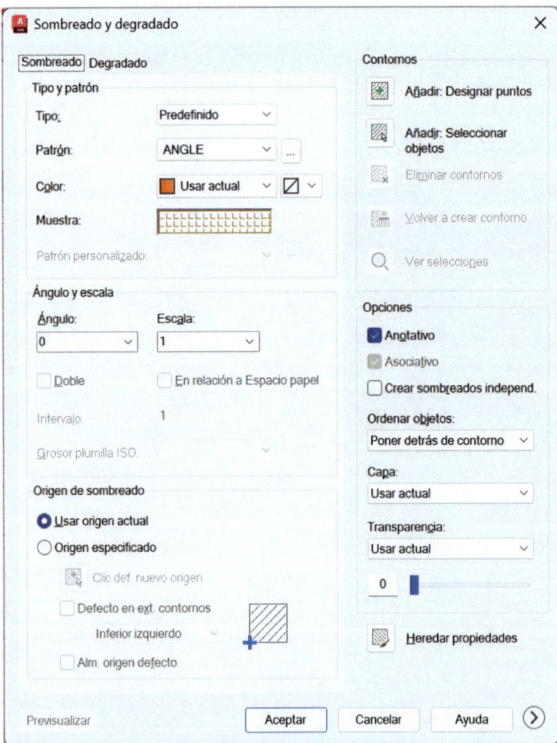

2.6. Tablas

Comando:	_TABLE	TABLA

Permite colocar una tabla de contenido. Suele preferirse realizar con otros programas e insertar en Autocad.

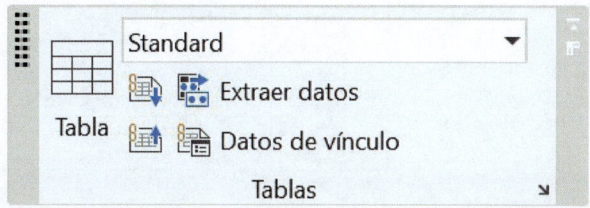

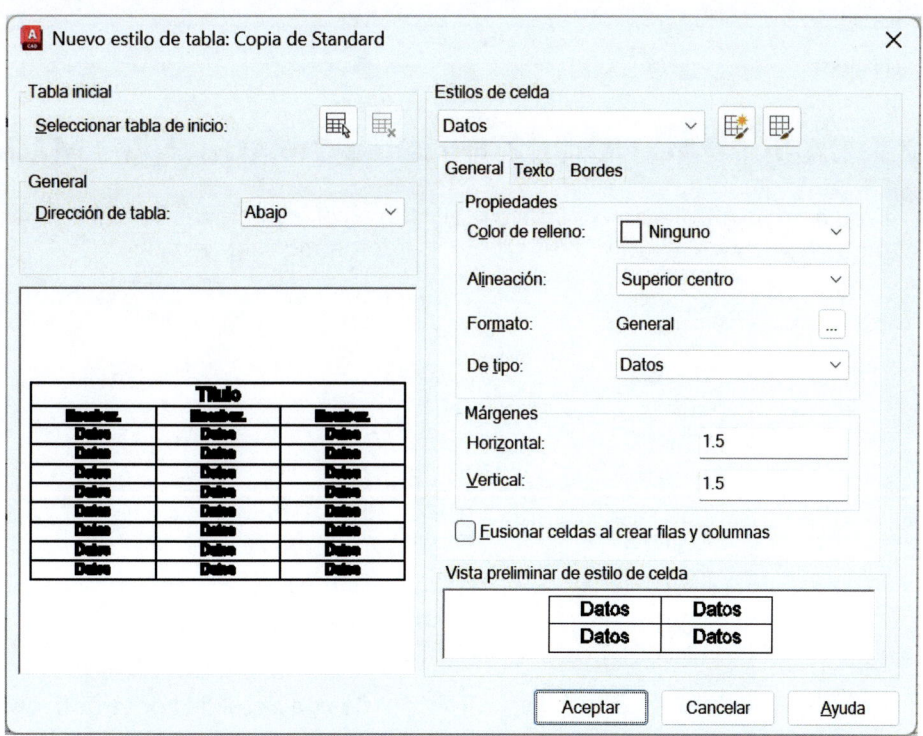

Comando:	_TABLESTYLE	ESTILOTABLA

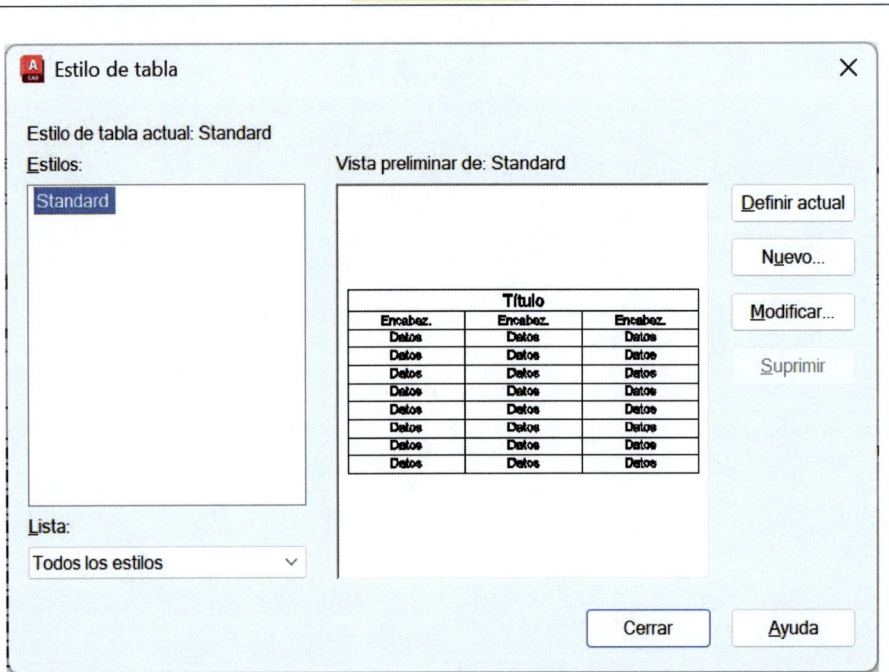

Nuevo...

2.7. CAD/ PRÁCTICA 02. Detalles Constructivos M20

Dibujo de un detalle constructivo realizado en el espacio modelo, prescindiendo de la escala, en mm. Trabajo con los comandos siguientes:

1.	_LINETIPE	TIPOLIN	
2.	_LTSCALE	ESCALATL	
3.	_LAYER	CAPA	CP
4.	_TEXT	TEXTO	
5.	_STYLE	ESTILO	
6.	_MLEADER	DIRECTRIZ	
7.	_MLEADERSTYLE	ESTILDIRECTRIZM	
8.	_HATCH	SOMBREA	
9.	_HATCHEDIT	EDITASOMBREA	
10	_TABLE	TABLA	
11.	_TABLESTYLE	ESTILOTABLA	

Copia de un detalle constructivo del libro: **Atlas de detalles constructivos. Ref.: 69/255**

Y realizar una tabla indicando los materiales, al pie del detalle.

212 Bloque de cerámica ligera		
316 Revoco exterior	548 Lámina impermeabilizante	876 Malla de protección
317 Enlucido interior	847 Muro de Sótano	880 Lámina separadora
318 Zócalo enlucido	857 Aislante perimetral	892 Aislante térmico

Ejemplo:

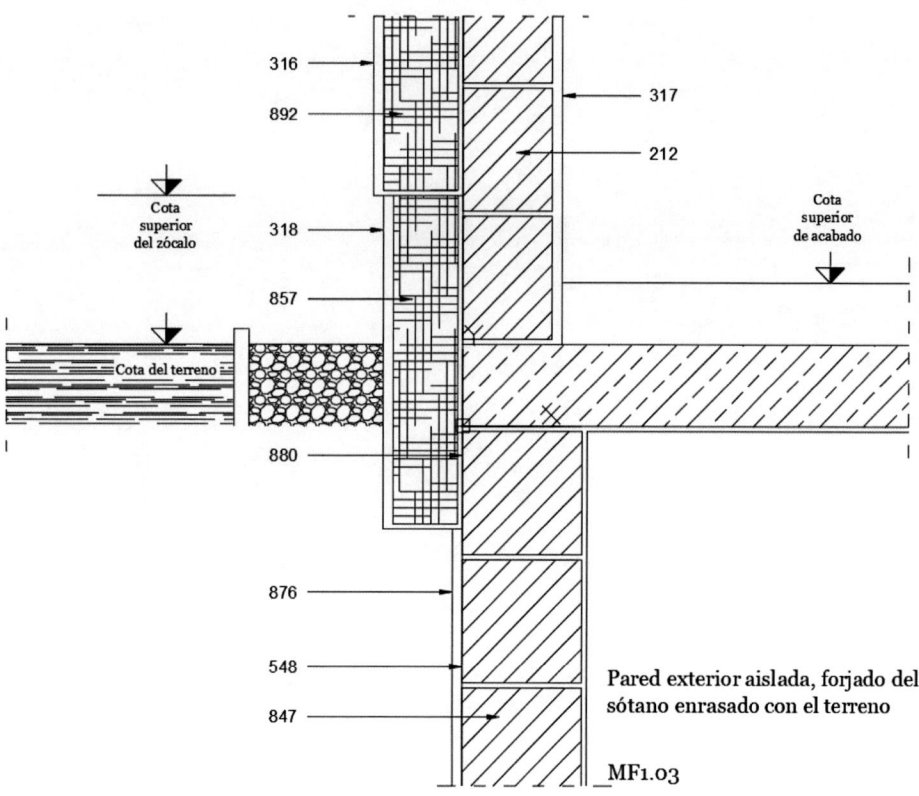

Pared exterior aislada, forjado del sótano enrasado con el terreno

MF1.03

3

PLANTILLA DE TRABAJO

3.1. Escalas anotativas

Todo tipo de textos, directrices, cotas, bloques o sombreados se pueden generar como objetos anotativos. Cambiarán su tamaño en función de la escala a la que queramos representar el plano.

Tienen asignados la escala de representación y el tamaño en milímetros de papel.

La plantilla de *acadiso.dwg* utiliza en el espacio modelo unidades en mm. En construcción las dimensiones se rotulan en metros con 2 decimales (cm).

Si dibujamos en milímetros cuando son realmente metros, el factor de escala para el papel de impresión no es 1/M sino 1000/M.

Crearemos las escalas siguientes:

Escala	Plano
1/5	Detalle Constructivo
1/50	Planta de Distribución
1/500	Emplazamiento
1/5.000	Ubicación
1/50.000	Situación

Un plano a escala 1/50 contendrá mucha más información que a escala 1/100 o a escala 1/200

Configurar la barra de estado para que aparezcan las escalas anotativas. Escogemos la escala de anotación 1000:50

Igualmente podrían modificarse las unidades de dibujo a metros con el comando: _DWGUNITS por lo que servirían las escalas que vienen por defecto.

Comando:	**_SCALELISTEDIT**	**EDITARLISTAESCALAS**

Lista las escalas del modelo de trabajo

Seleccionamos las escalas y suprimimos

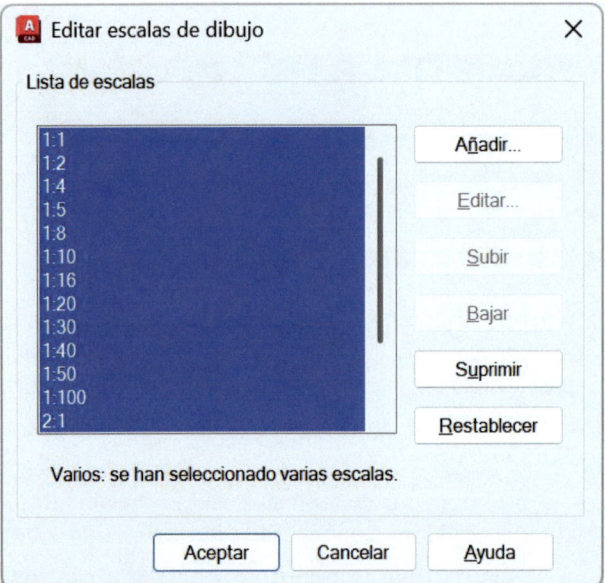

Creamos la escala 1000/50 (1/50)

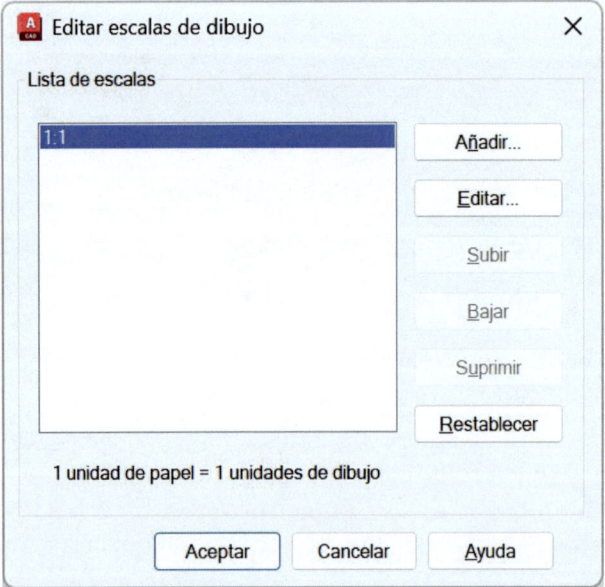

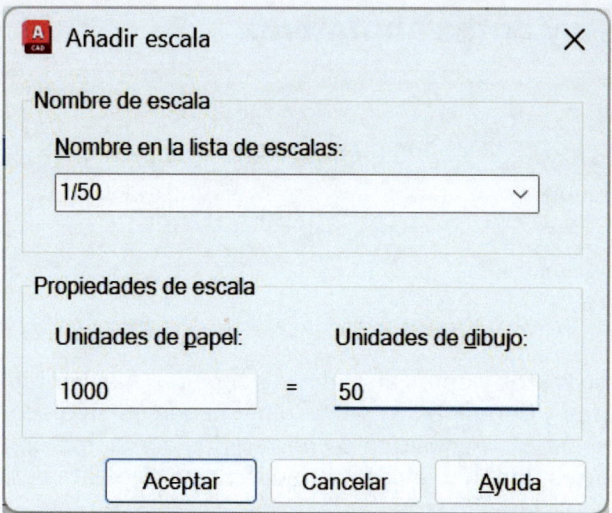

Lista de escalas finales

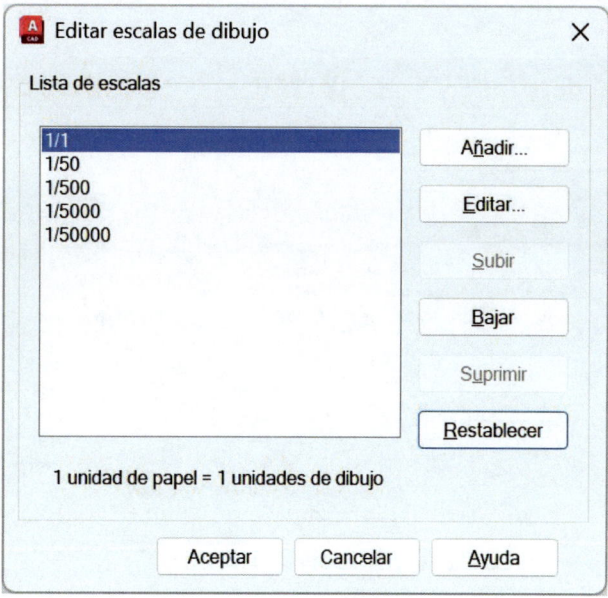

Seleccionamos la escala de representación.

3.2. Textos y cotas anotativas

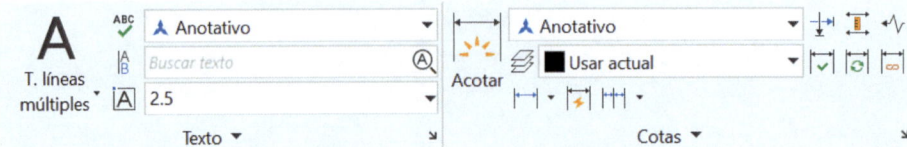

Trabajar con textos y cotas anotativas tiene una gran ventaja: los tamaños de textos, cifras y demás parámetros dimensionales se diseñan en milímetros de impresión, sin necesidad de corregirlos con el factor de escala. Las cotas y los textos tienen una escala vinculada, la que está activa en la barra de estado.

Modificamos los estilos de texto y cotas, marcando la opción **Anotativo.**

Comando:	_STYLE	ESTILO	EST

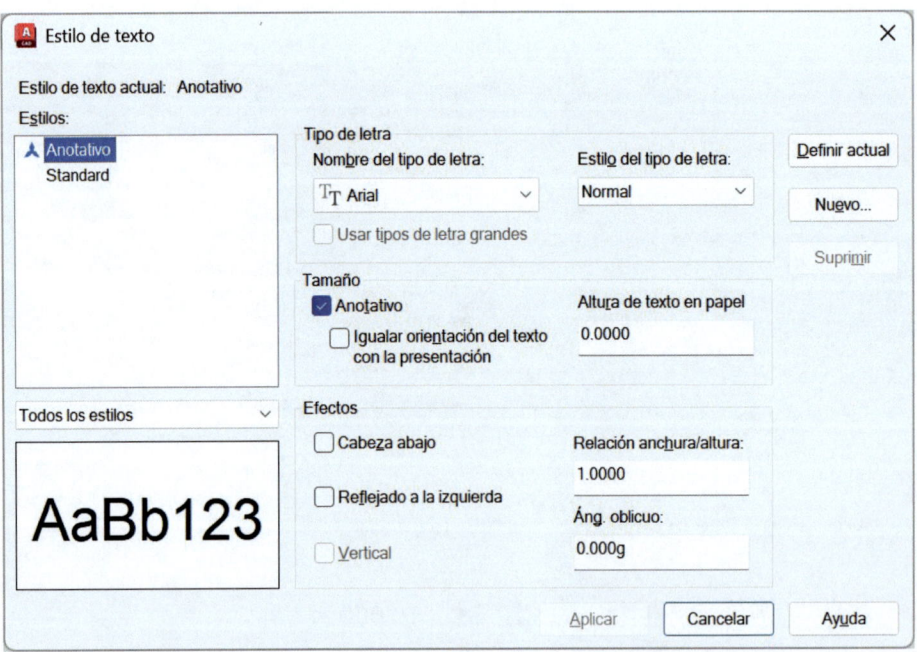

Comando: **_DIMSTYLE** **ACOEST**

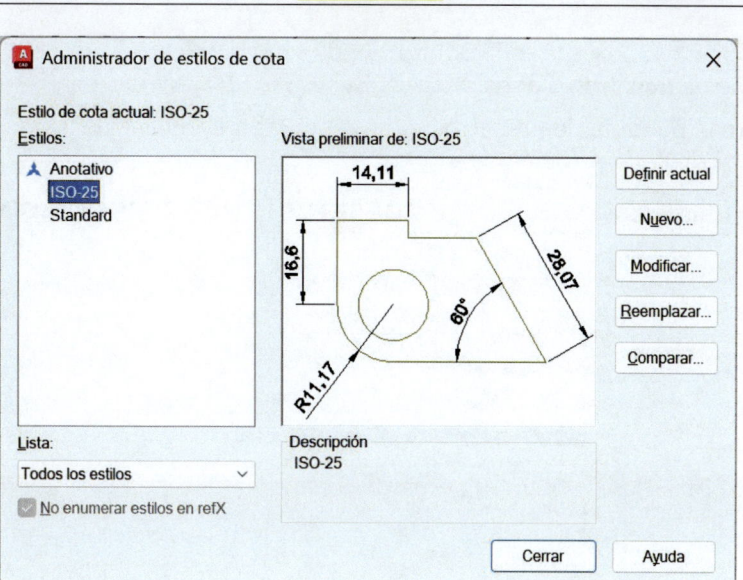

Nuevo... hacemos una copia de la ISO-25 y marcamos cotas anotativas.

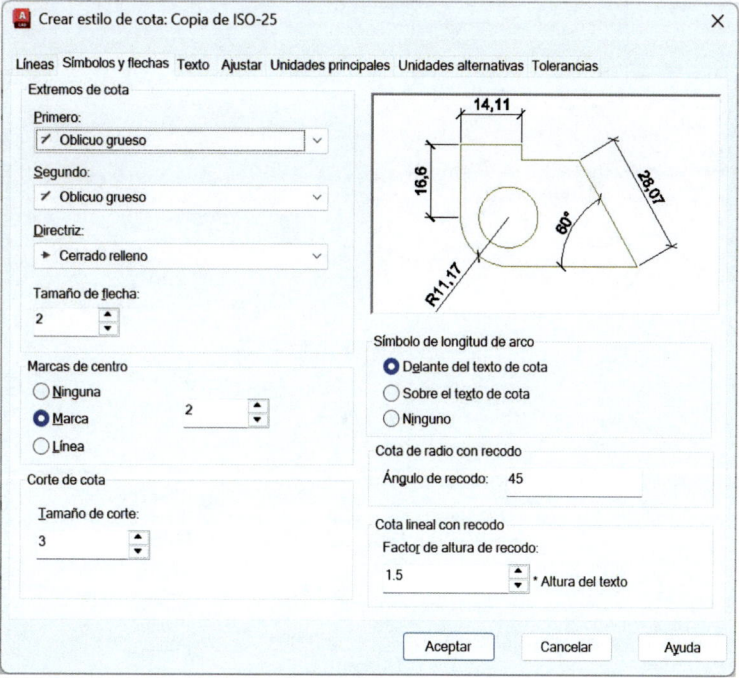

Modificamos el resto de parámetros según nuestro estilo

3.3. Presentaciones, espacio papel

El espacio papel es la zona donde vamos a generar las presentaciones para el diseño de nuestros planos.

Sobre la pestaña de presentación 1, con botón derecho marcamos: *administrador de configuración de página.*

Comando:	_PAGESETUP	PREPPAGINA

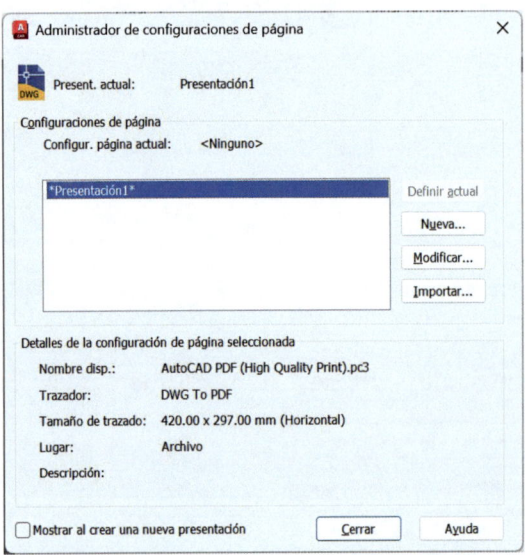

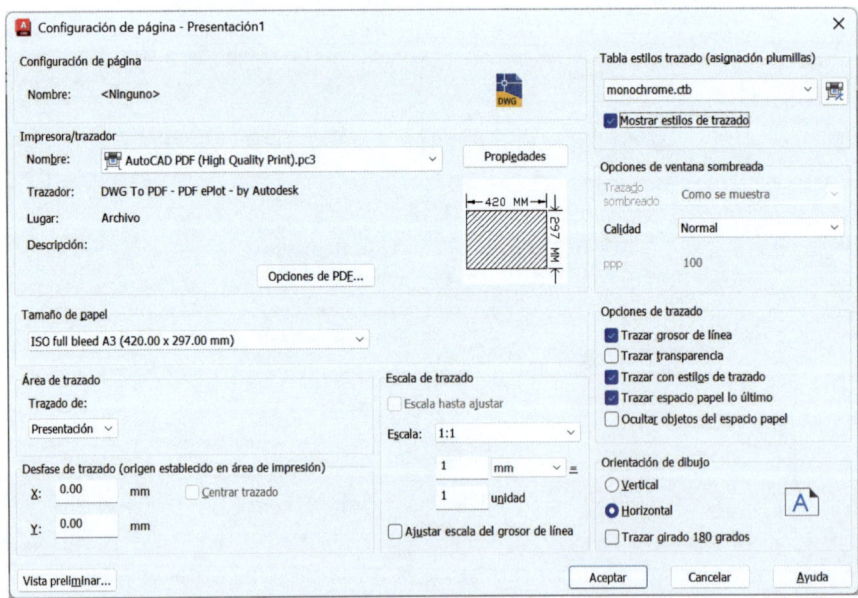

Modificar...

- Impresora: AutoCAD pdf (High Quality Print). Optimizado para la impresión en papel
- Tabla de estilos: monocromo, muestrar estilos de trazado
- Tamaño papel: ISO full bleed A3 (420x297mm), sin márgenes
- Escala de trazado: 1mm =1 unidad

Comando:	_-VPORTS	-VENTANAS

Crea una nueva ventana sobre el papel

También podemos suprimir la ventana y crear otra, ampliarla o generar una con un contorno más irregular.

Comando:	_.MSPACE EM	_.PSPACE EP

Cambia de espacio modelo al espacio papel.

- Escogemos la escala de impresión: 1000/50
- Y bloqueamos la escala.

También se accede dentro de la ventana gráfica con doble click o desde la barra de estado.

Bloques, textos y cotas aparecen con distintos tamaños a cada escala. Las escalas anotativas y las propiedades anotativas de textos, cotas, bloques y sombreados, permiten verlos del mismo tamaño al imprimir.

Puede acotarse desde el EP, entrando y eligiendo cotas anotativas. Éstas sólo se verán en esa ventana, con el tamaño de acotación adecuado.

Los sombreados se crean desde la presentación en EM, y en propiedades se indica que sea anotativo. Puedo añadir el sombreado a otras vistas de ese mismo objeto con botón derecho...

El texto se elige anotativo y sólo aparece en la ventana en donde se escribe. Los bloques se crean anotativos también.

Podemos seleccionar desde el EP las capas a representar (dentro de la ventana, accedemos a las capas y marcamos el 3er icono)

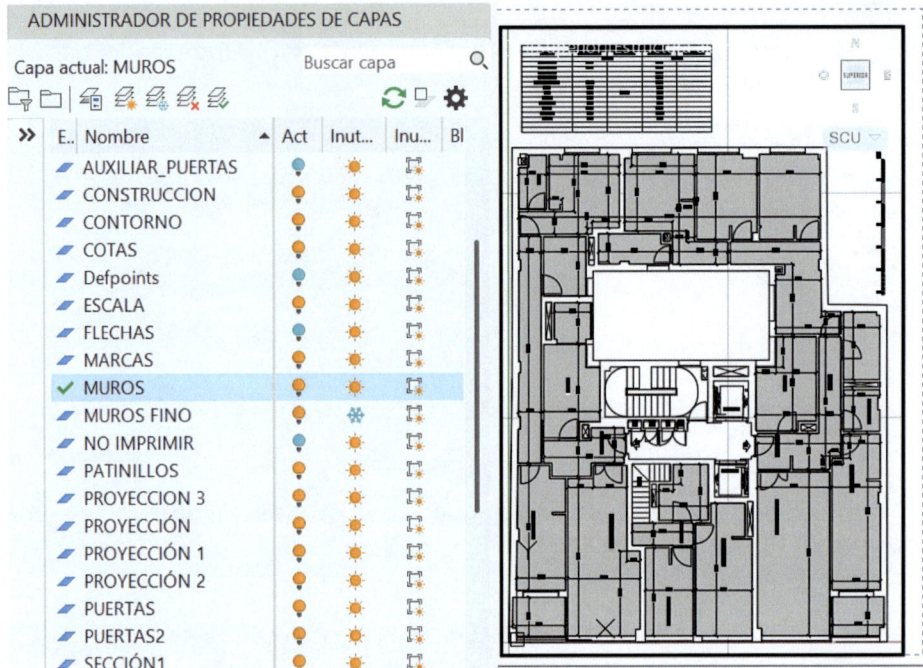

El primer botón de escalas anotativas ![icon] da visibilidad a la información conjunta, es decir, oculta o muestra los objetos anotativos que no son compatibles con la escala de anotación actual. La opción «0» muestra los objetos de la escala actual y la opción «1» muestra todos los objetos.

3.4. CAD/ PRÁCTICA 03. Planta acotada

Dada la planta de un edificio colectivo de viviendas, se pretende acotar y medir superficies y perímetros con objeto de obtener mediciones que permitan la valoración de una reforma.

Planta en el archivo: *22_02_CAD_PR_03_CLP_planta*

1. Crear nuevos estilos personalizados anotativos de textos y cotas

2. Desactivar la información que no se considere relevante

3. Aplicar el comando: `_WBLOCK`

4. Copiar y pegar el contenido del nuevo archivo

5. Acotar y modificar los espesores de las líneas

6. Realizar una tabla con las superficies y perímetros de las estancias

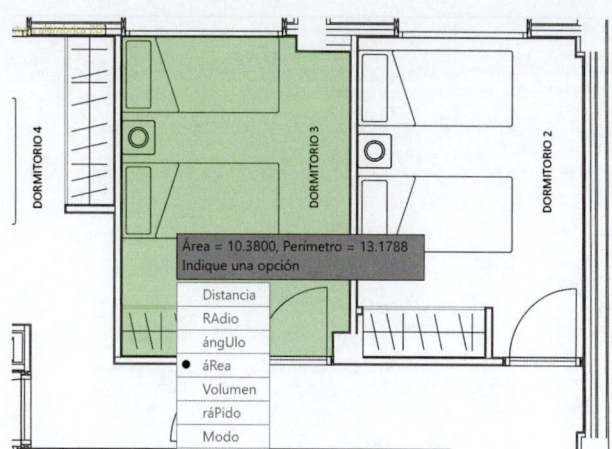

*Nota: Para medir distancias, áreas, ángulos... utilizados el comando **MEDIRGEOM.**

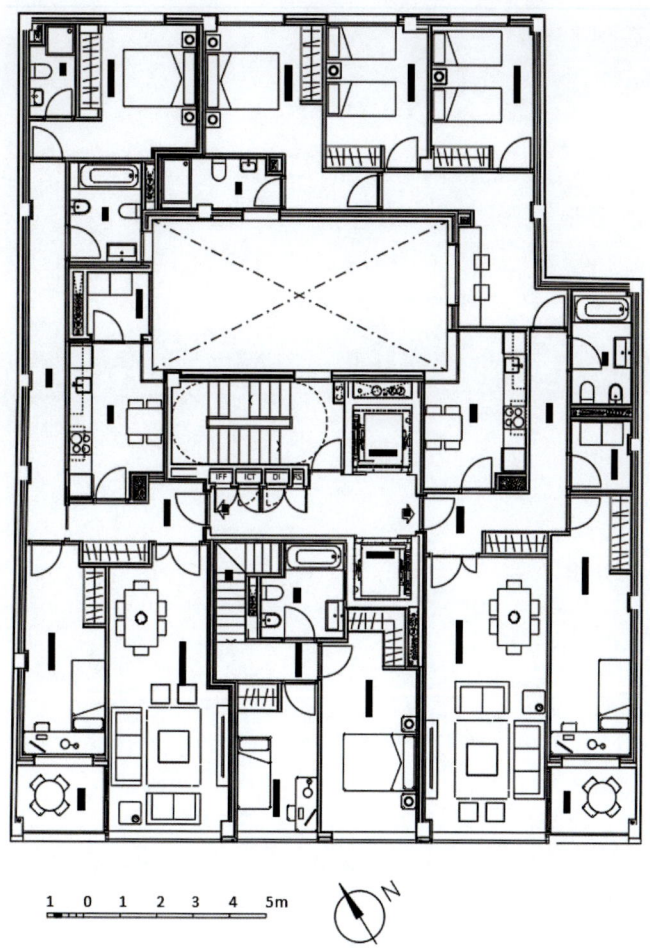

1 0 1 2 3 4 5m

4

CAJETÍN DEL DOCUMENTO N.º 2: PLANOS

4.1. Diseño del Cajetín

El cajetín contendrá una serie de datos repetidos en todos los planos sin modificación:

- Nombre del proyecto
- Localización del proyecto
- Fecha

Así como designación de los profesionales que promueven, proyectan y supervisan el desarrollo del proyecto, con inclusión de las empresas que los respaldan:

- Promotor
- Autor
- Revisor

Otros datos son propios de cada plano, por lo que se resaltan usualmente frente a los anteriores, que conviene agrupar y que permanezcan visibles tras su doblado:

- Nombre del plano
- Número del plano
- Escala del plano
- Codificación del plano

El diseño del cajetín lo preparamos para:

- tamaño de papel A3
- escala de impresión: 1/50

La información del cajetín pudiera colocarse en el espacio modelo, aunque se prefiere en el espacio papel de la presentación. La escala gráfica y el norte se deben ubicar en el espacio modelo.

La designación del plano por su nombre y número será biunívoca. Inicialmente se ordenan por su contenido informativo o constructivo y por ramas profesionales: situación, arquitectura, instalaciones, estructuras...; dentro de estos aparecerán otras subcategorías. Los diferentes niveles tendrán su correspondencia en la numeración de los planos, para facilitar su búsqueda.

Se acompañan ejemplos de cajetín colocado en el margen lateral derecho y en el margen inferior del plano:

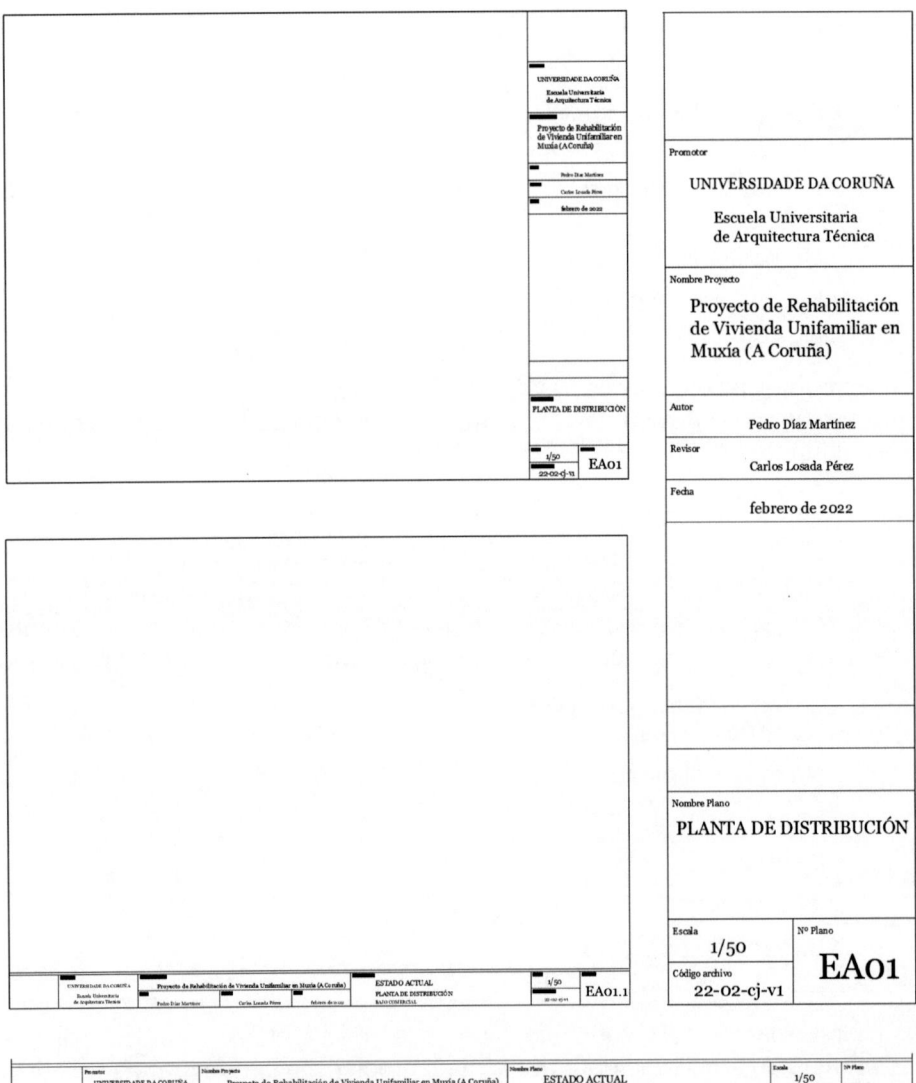

4.2. Configuración del trazador de PDF

Comando:	**_PAGESETUP**	PREPPAGINA

Pueden editarse las propiedades de la Impresora, incluso definir un tamaño de papel de usuario diferente del convencional A3

Escogemos Impresora/trazador Nombre: AutoCAD a PDF (HQP) y editamos sus Propiedades.

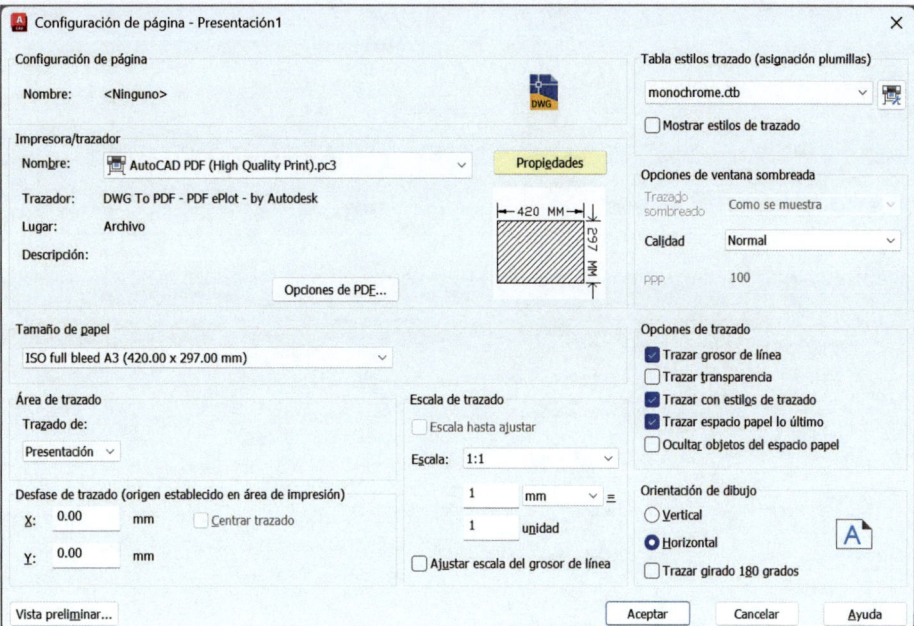

Tamaño de papel personalizado, Añadir...

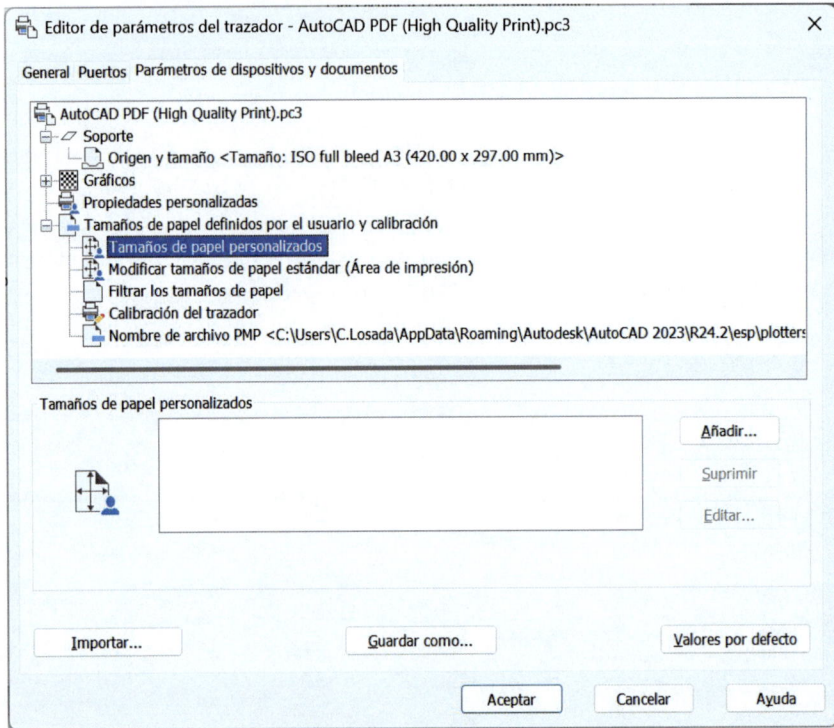

Utilizamos un tamaño de papel ya existente

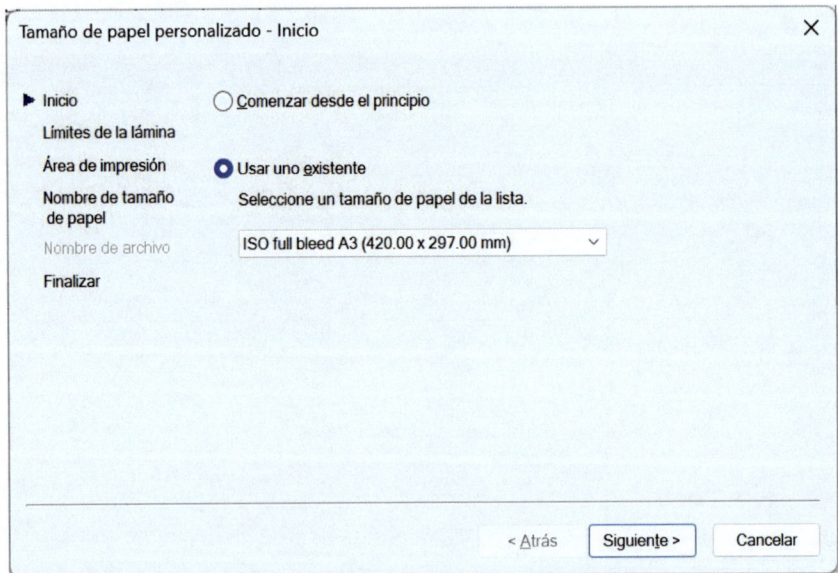

Asignamos márgenes de 10mm; 30 mm en el margen izquierdo.

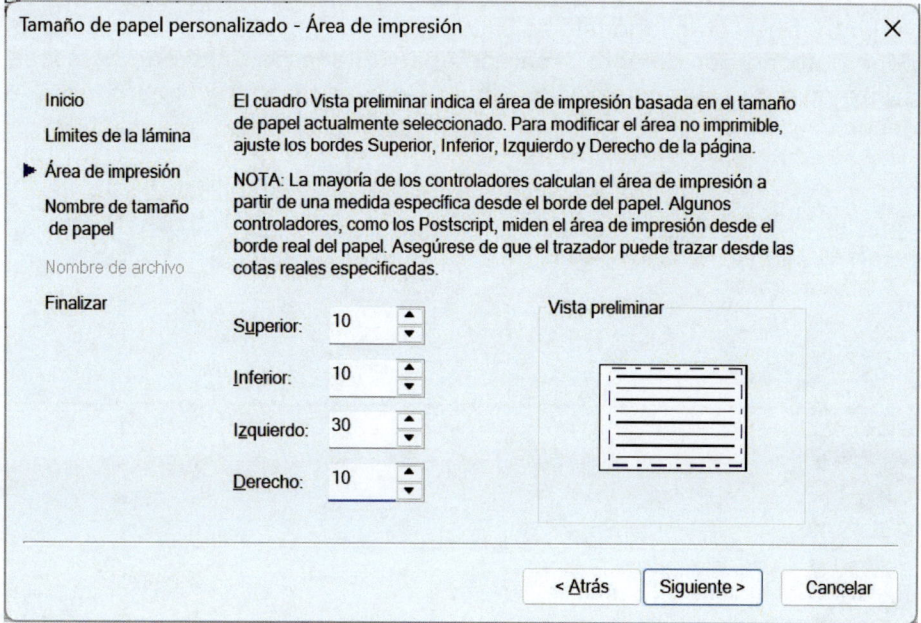

Seleccionamos el tamaño de papel que creamos.

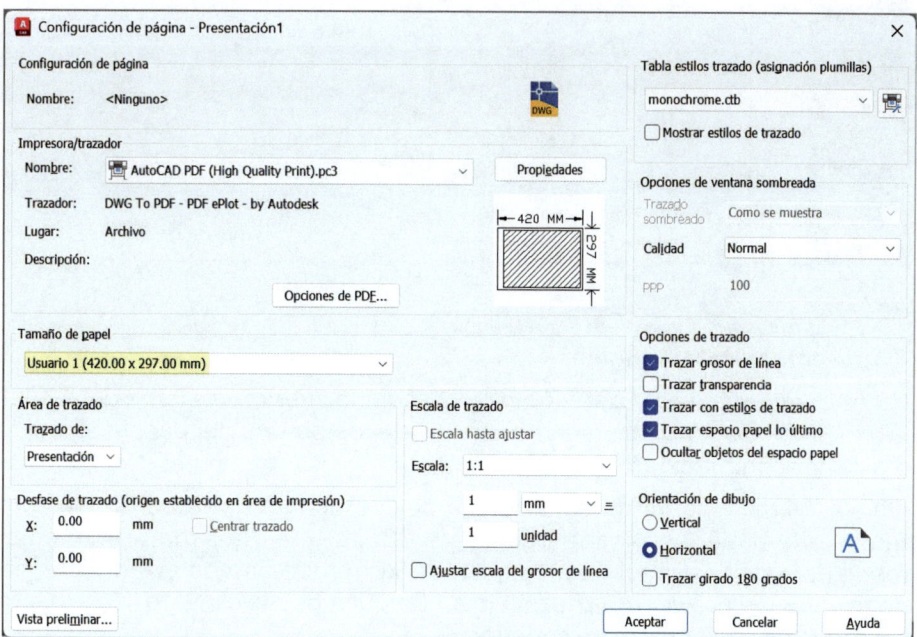

4.3. Ventana de dibujo

Junto a la pestaña modelo se encuentran las 2 presentaciones que propone autocad por defecto. Aparece una ventana de dibujo a una escala arbitraria para contener nuestro dibujo. Se puede borrar y crear una nueva desde:

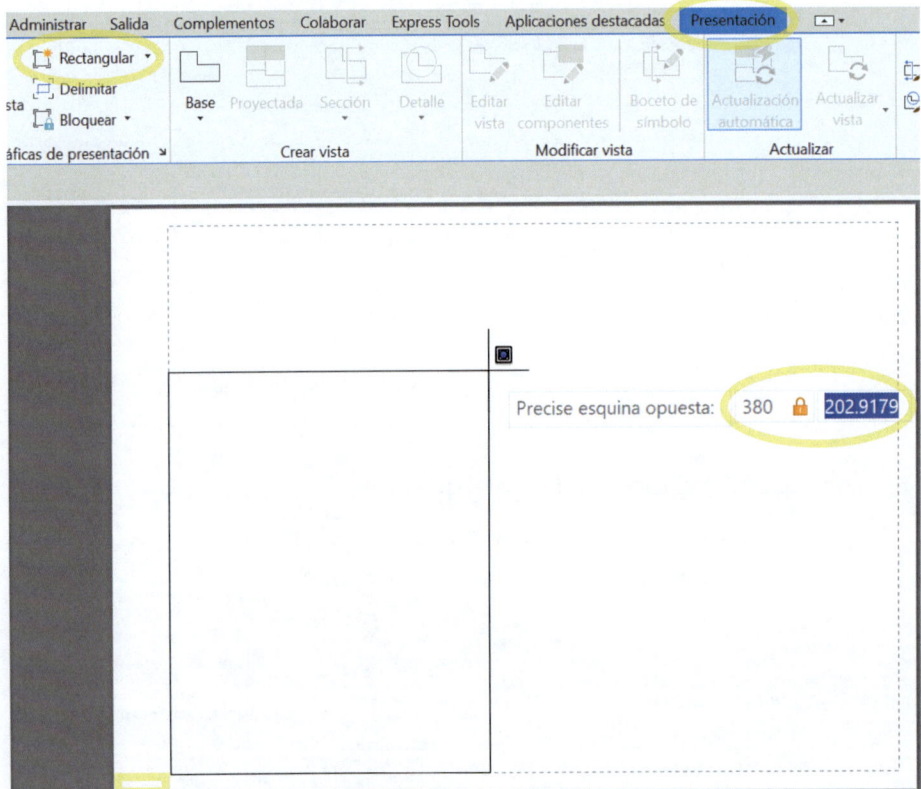

Presentación, rectangular

Las coordenadas (0,0) se sitúan en la esquina inferior izquierda del recuadro de línea discontinua, a una distancia de los bordes del papel según los márgenes establecidos.

La esquina superior derecha tendrá de coordenadas «380, 277» para un tamaño de papel A3, con márgenes de 30mm a la izquierda; 10mm en el resto. Para dejar espacio a un cajetín de 20mm de alto en el lado inferior, puede dibujarse la ventana de dibujo rectangular desde el punto (0,20) hasta el punto (380, 277), extremo superior visible.

Comando:	**_DYNMODE**

Con el comando activado las coordenadas son relativas entre puntos; desactivado, absolutas. Anteponiendo @ se cambia a modo relativo desde absolutas; con # se cambia a absolutas desde relativas.

Las coordenadas se introducen separadas por comas, siendo el símbolo decimal el punto. Ejemplos de introducción de coordenadas de las esquinas opuestas de un rectángulo en el espacio papel de las dimensiones antes citadas:

Desactivado			**Activado**		
C. absolutas	0,20	380,277	C. relativas	0,20	380,257
C. relativas	0,20	@380,257	C. absolutas	0,20	#380,277

Comando:	**_-VPORTS**	**-VENTANAS**

Realizamos la ventana rectangular que antes definimos.

Utilizar el comando línea, equidistancia, ...

En el ejemplo se han creado textos de altura 1,5mm mínimo, 2mm para el nombre del autor, 2,5mm para el nombre del proyecto, 3 mm para el nombre del plano y hasta 6mm para el número del plano.

Se cambia de modelo a papel con los comandos: EP (_PSPACE); EM (_MSPACE) respectivamente.

Dentro de la ventana (EM), con doble click en la rueda del ratón, se centra el dibujo, se escoge la escala de la ventana gráfica y se bloquea.

Puede dibujarse un rectángulo similar en el espacio modelo para visualizar los límites de impresión.

4.4. CAD/ PRÁCTICA 04. Cajetín del Plano

Diseño de dos Cajetines personalizados con los datos necesarios para el Documento Planos, colocando los datos en el margen derecho y otro en el margen inferior, para un tamaño de papel DIN A3 y escala de impresión 1/50.

1. Configurar el área de impresión
2. Configurar el formato de generación del PDF
3. Colocar la ventana gráfica
4. Dibujar líneas para dividir los espacios del cajetín
5. Colocar los textos con tamaños adecuados
6. Colocar los elementos del Cajetín en una capa

Ejemplos:

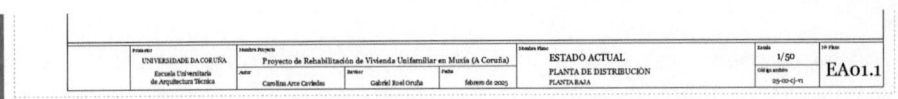

PLANO DE SECCIÓN DE EDIFICACIÓN

5.1. Estilo de Acotación

Comando:	_DIMSTYLE	ACOEST

Para la selección del estilo actual, modificar o crear uno nuevo.

Igualmente se accede al comando desde el grupo: Anotar, Cotas

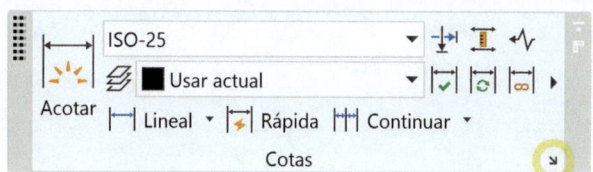

Creamos estilo nuevo desde el estilo Anotativo.

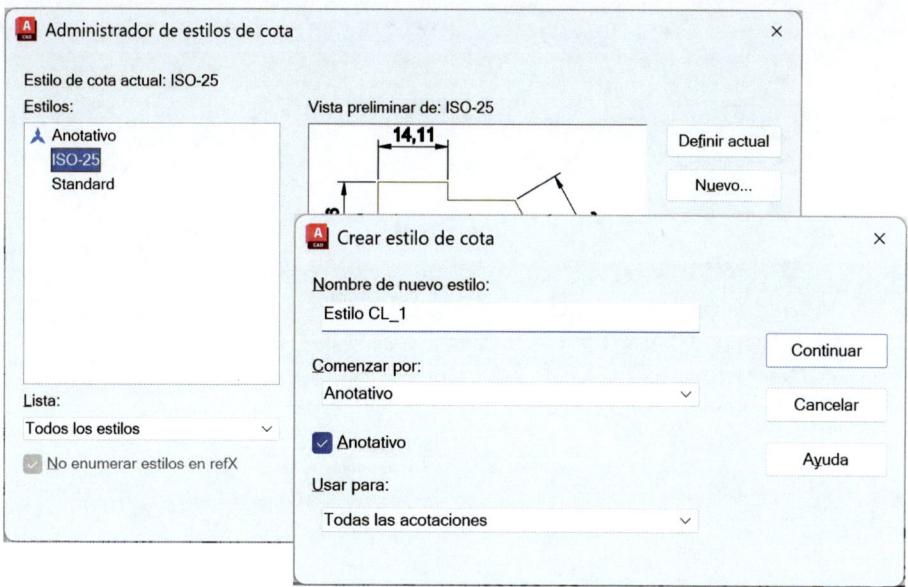

Símbolos y Flechas: Oblicuo grueso.

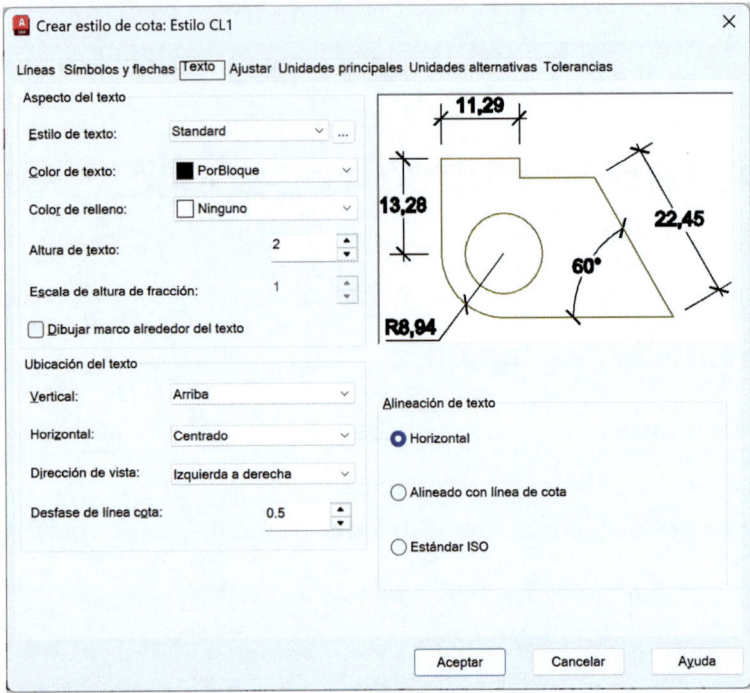

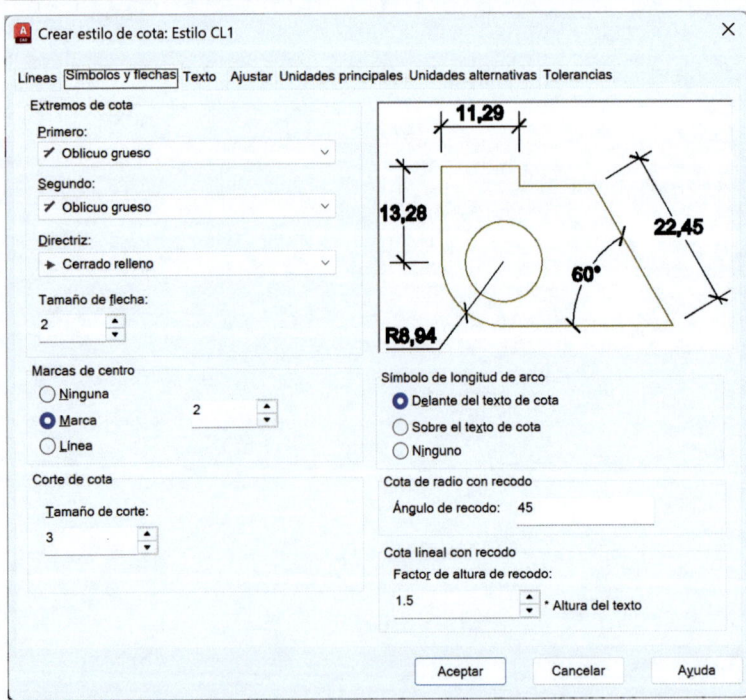

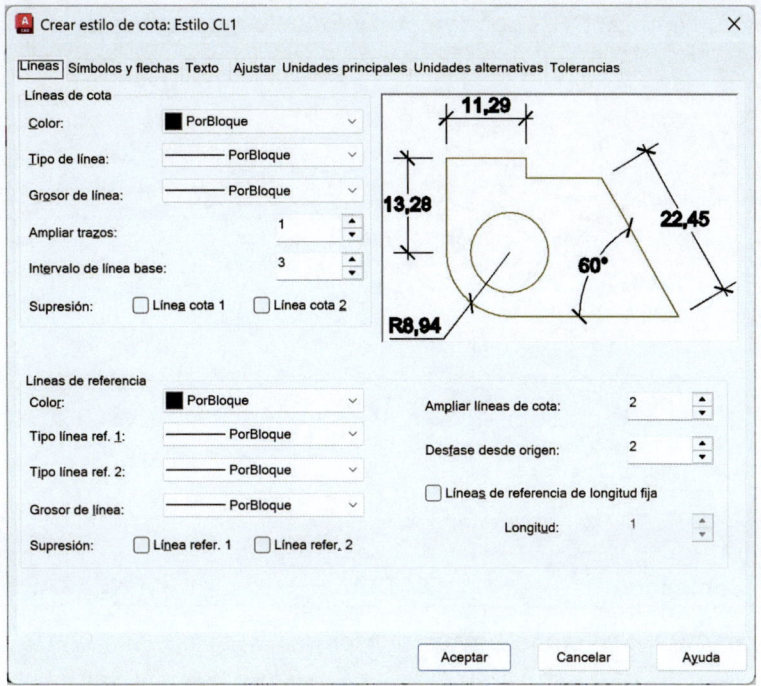

La altura de texto debe estar entre 1,8 y 2,5mm.

Comando:	**_DIMORDINATE**	**ACOCOORDENADA**	**ACOCOO**

Acota las coordenadas X o Y desde el origen.

5.2. Referencias externas

Comando:	**_EXTERNALREFERENCES**	**REFEXTERNAS**

Enlace de un archivo con otro. Permite la visualización sin modificar el original.

Útil para proyectos en los que trabajan varias personas. Por ejemplo: un archivo de planta y otro de instalaciones que se crea independiente del anterior. Puede cargarse la planta modificada sin alterar el de instalaciones.

Accesible desde: Inserción, Referencia

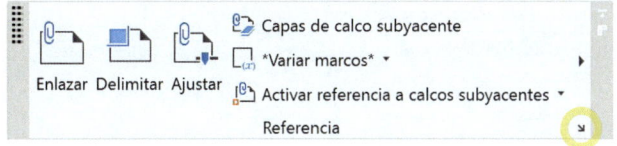

Enlaza un archivo DWG por defecto, aunque puede enlazarse una imagen o un PDF.

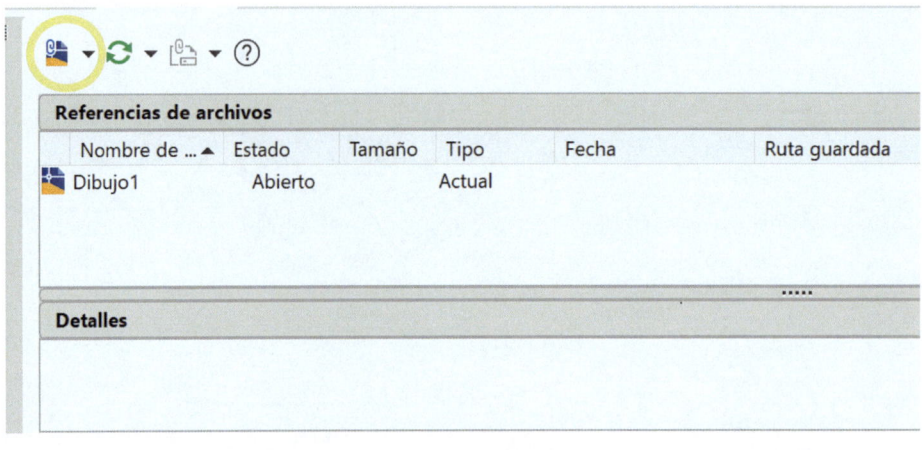

Comando:	_XATTACH	ENLAZARX

Abre una nueva referencia externa. Archivo con extensión: *.DWG

Antes, es preciso utilizar el comando: **_UNITS (UNIDADES)** para poner unidades de inserción: metros.

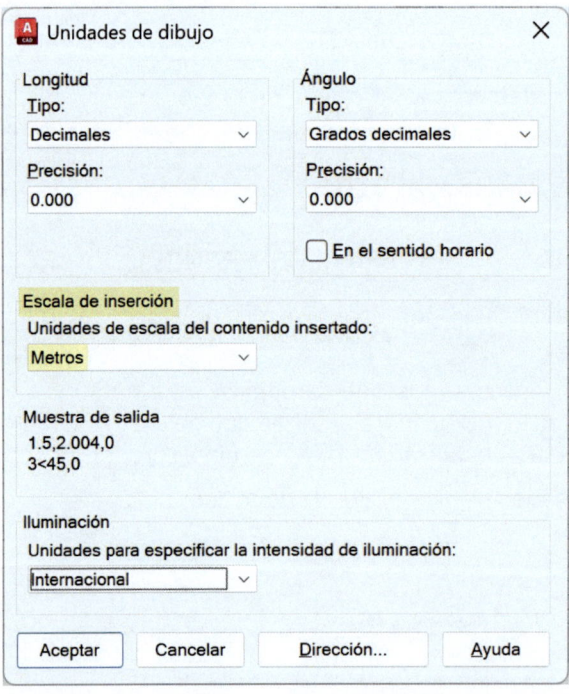

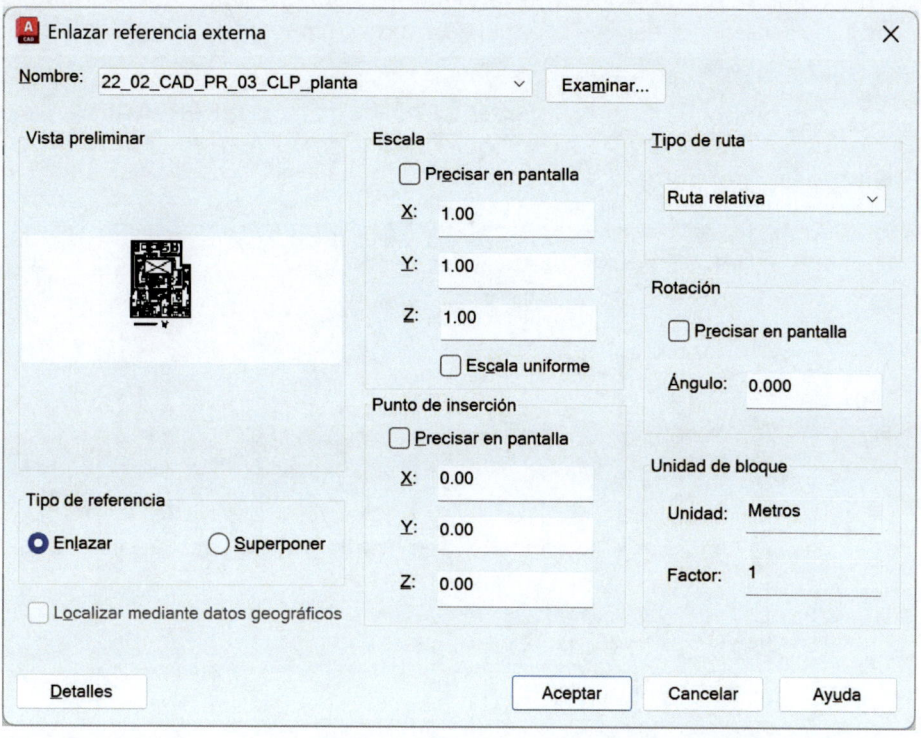

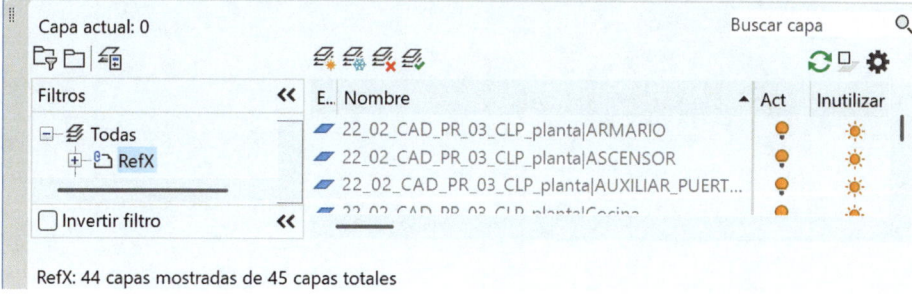

El archivo de la referencia externa muestra sus capas de forma independiente. Se escoge la visualización más apropiada.

5.3. Espacio Papel

Tras colocar el archivo de referencia en el espacio modelo, alineadas la planta y la sección, se escoge el papel de impresión para la escala predefinida.

Comando:	_PAGESETUP	PREPPAGINA

Para diseñar el formato de impresión.

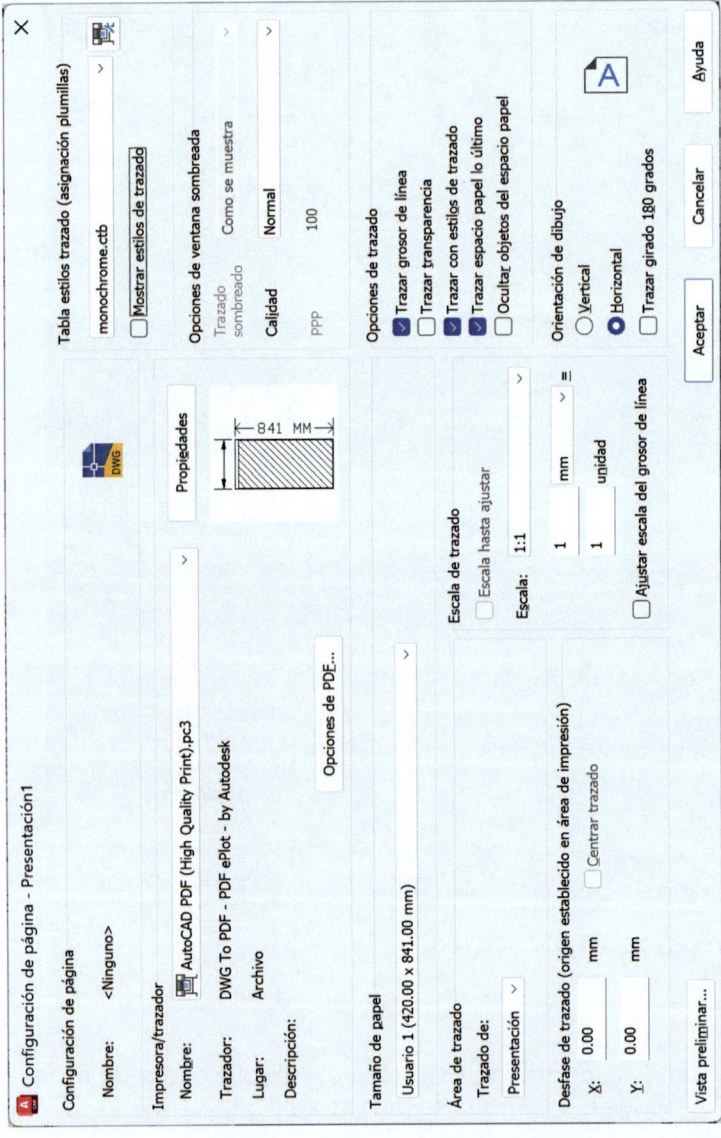

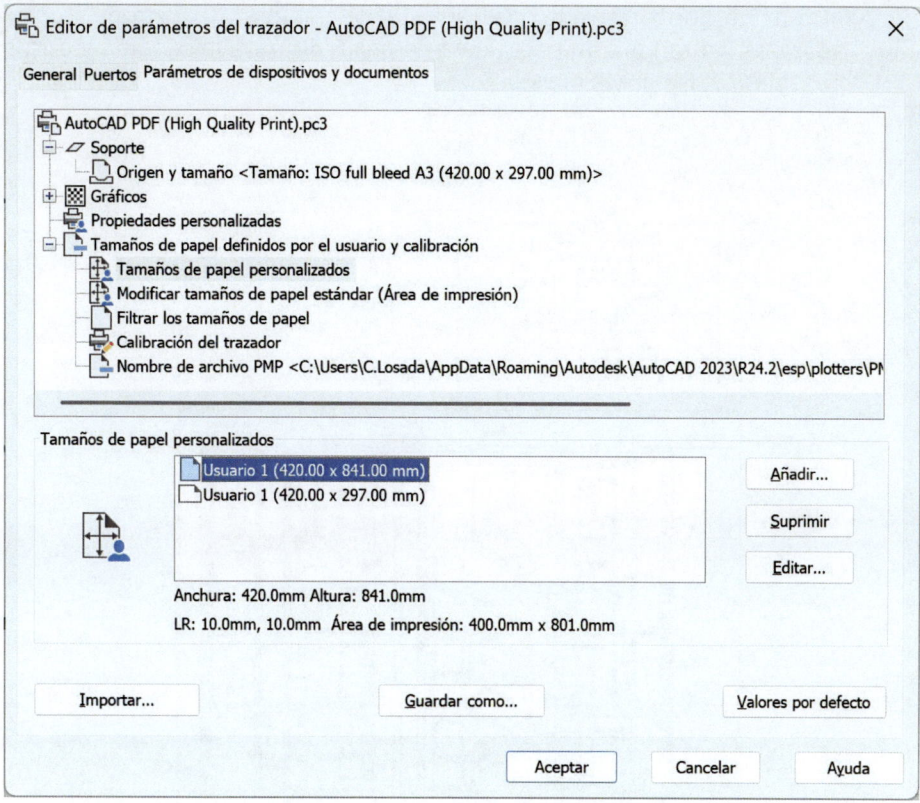

Puede diseñarse un formado A2 extendido (420 x 891 mm)

Y colocarse dos ventanas de dibujo a diferentes escalas. Por ejemplo: 1/50 y 1/200

5.4. CAD/ PRÁCTICA 05. Sección de Edificación

Dada la sección del edificio de 4 plantas, bajo cubierta y tres sótanos, insertar la planta del ejercicio anterior como referencia externa y crear un plano con la sección a escala 1/50 y la planta a escala 1/200.

Indicar las cotas de las plantas con un nuevo estilo de acotación anotativo, siendo la cota , la de la planta baja.

1. Crear un nuevo estilo de acotación de cotas verticales e indicar las alturas de las plantas

2. Sombrear la sección

3. Crear una capa nueva «X-ref» e insertar la planta

4. Crear un nuevo formato de tamaño de papel: 420x891mm y colocar dos ventanas gráficas, una a escala 1/50 para la sección y otra a escala 1/200 para la planta

Ejemplo:

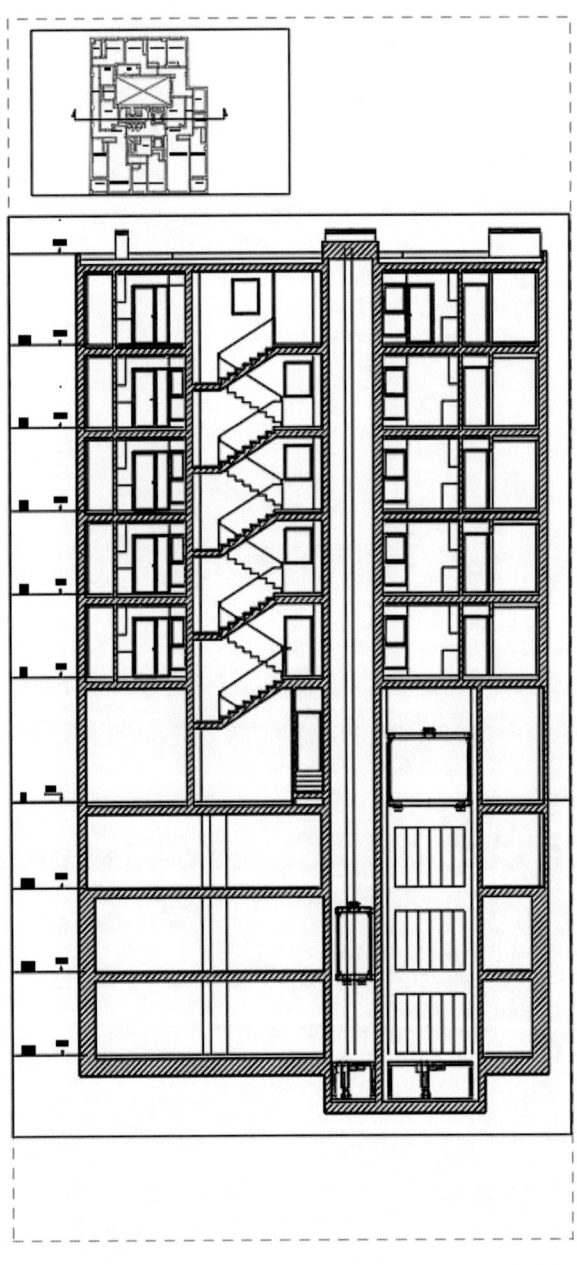

6

GENERACIÓN DE PLANTILLA

Las plantillas son archivos de dibujo que se guardan como archivos *.dwt y que contienen estilos de texto, estilos de cotas, escalas de trabajo, presentaciones, capas y otros parámetros que podemos predefinir para facilitar el trabajo.

6.1. Creación de capas

Las capas se nombran preferentemente con códigos identificables que permitan su ordenación, asignando colores, grosores de línea y tipos de línea. Las propiedades de los elementos se definen «por capa».

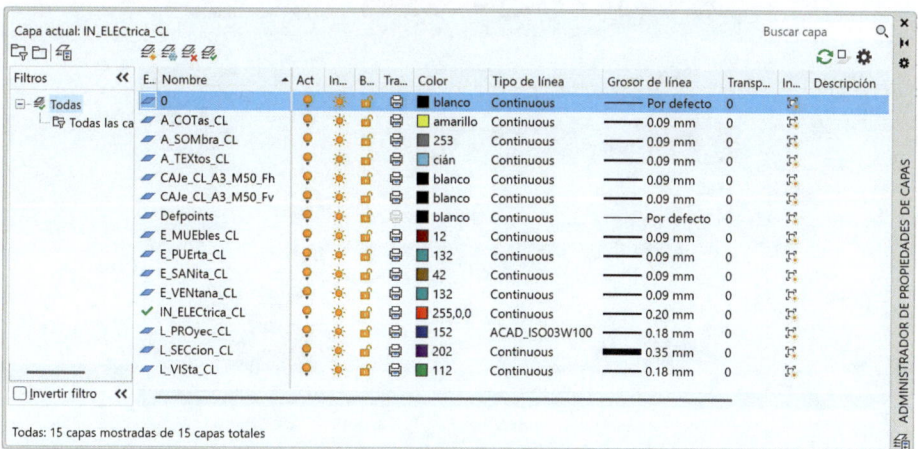

El índice de color se establece entre 1 y 255.

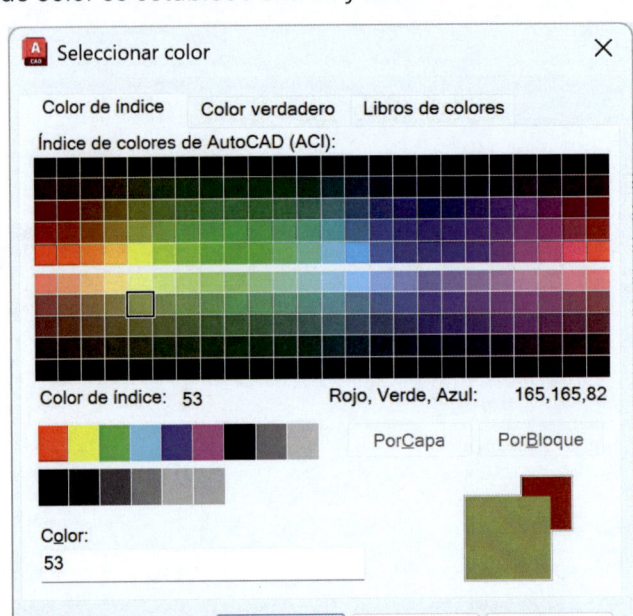

El color verdadero se establece como terna de los colores: rojo, verde y azul.

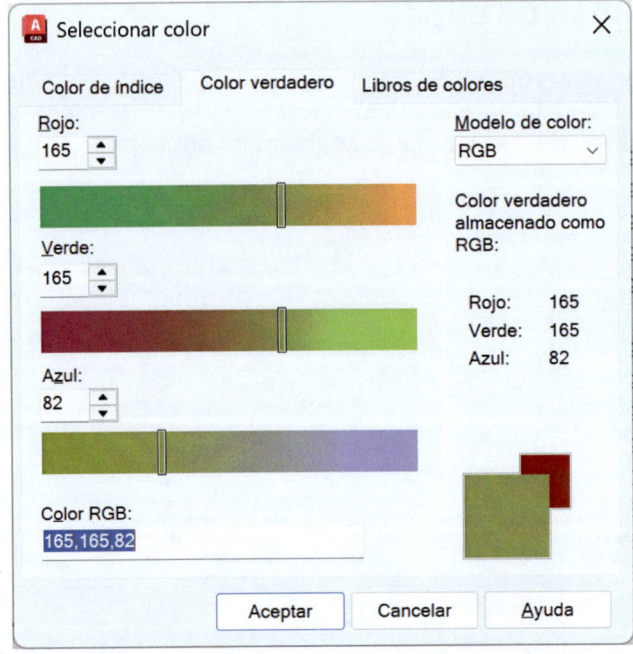

6.2. Estilos anotativos

Estilo de textos

El estilo de texto se abre desde el grupo de acciones de la pestaña *anotar*, o bien con el comando: **_STYLE** **ESTILO**

Eligiendo el *tamaño anotativo*, la altura de texto de papel es la que se indica, en milímetros. El icono azul de un escalímetro hace referencia al estilo anotativo.

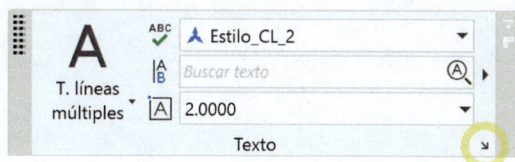

Estilo de cotas

El estilo de cotas se abre desde el grupo de acciones de la pestaña *anotar,* o bien con el comando: **_DIMSTYLE**

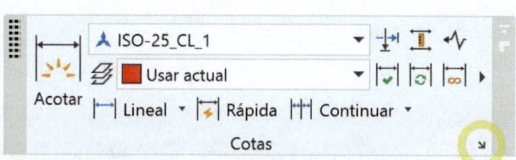

Creamos un estilo desde otro existente seleccionando *anotativo*.

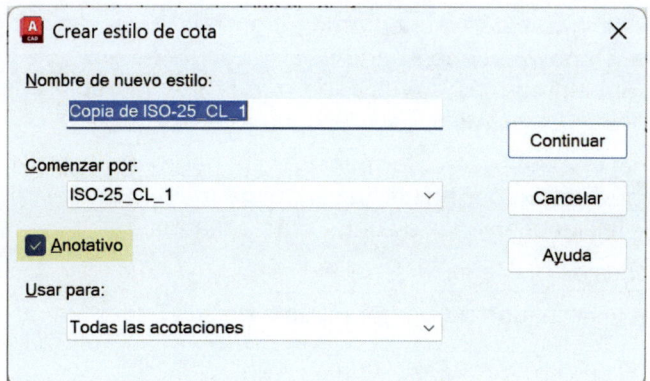

6.3. Escalas de impresión

Las escalas de impresión y visualización se modifican o crean nuevas teniendo en cuenta las unidades de dibujo en el espacio modelo de AutoCAD (milímetros o metros).

En la *barra de estado* se muestra la *escala de anotación*; si no estuviera visible, a la derecha puede activarse. Desplegando las escalas se elige: *personalizado*. Otra opción es escribir en la *barra de comandos:* **_SCALELISTEDIT**

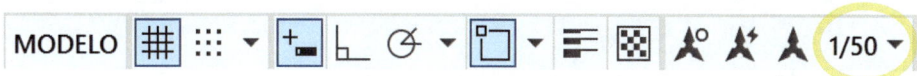

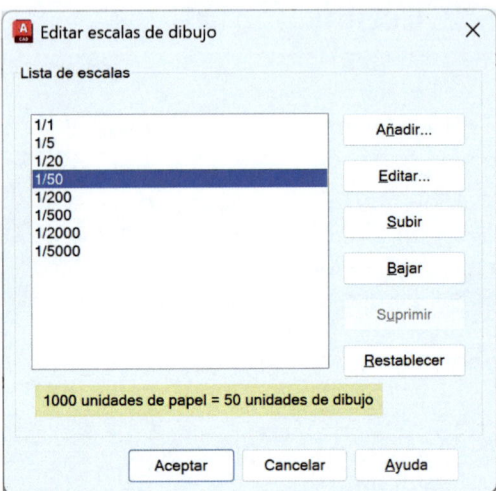

Las escalas se modifican, editan o suprimen para confeccionar un listado similar, en donde figuren las escalas de trabajo habitual. El factor de escala 1000 amplifica el dibujo que hemos reducido en el espacio modelo (por estar trabajando en mm).

6.4. Configuración de página

Modificación de la configuración de la página de impresión.

Se prefiere la impresión monocroma (negro) para transformar los colores de las capas. También puede imprimirse en escala de grises, escogidos por intensidad. Si bien es más complicado que la configuración de grises por defecto coincida con la intensidad del color más adecuada.

Los colores RGB no se transforman en color negro, sino que se mantienen. Es útil para aquellas capas en las que sí quiera mantenerse el color, como es frecuente en las instalaciones de agua fría y caliente.

Las opciones de PDF son:

Aconsejable la calidad del vector mínima de 2400 ppp.

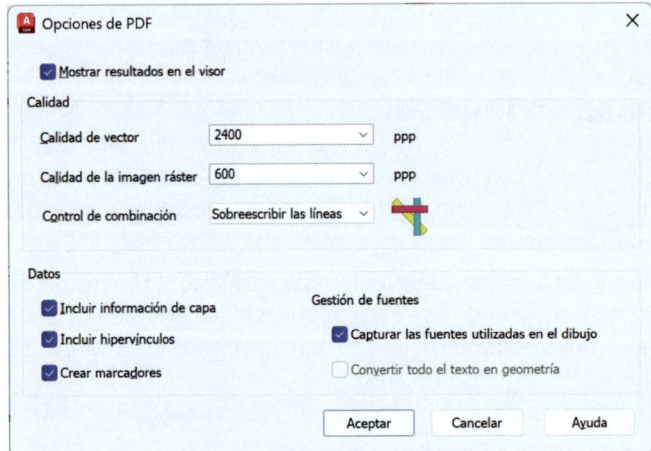

6.5. Plantilla DWT

Finalmente procedemos a guardar el dibujo como un *dwt para poder utilizarlo posteriormente como plantilla.

Comando:	_SAVEAS	GUARDARCOMO

Formato: DWT

El archivo se aloja en la carpeta *Template* en donde se ubican otras plantillas de AutoCAD disponibles.

Tras guardar la nueva plantilla, abrimos un archivo nuevo con ella. Posteriormente los nuevos dibujos se abrirán desde esta plantilla por defecto.

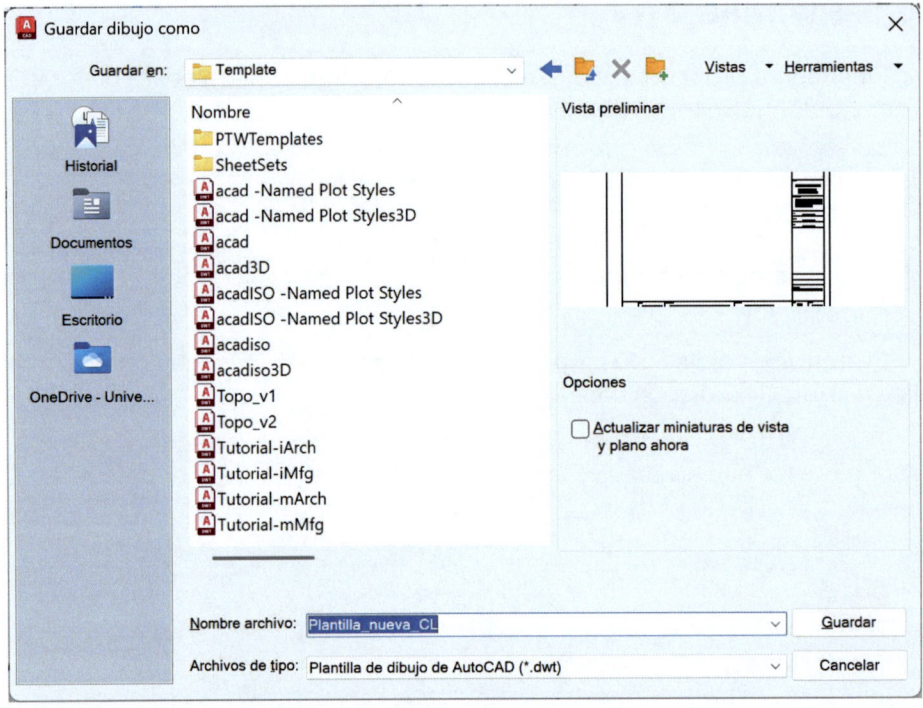

6.6. CAD/ PRÁCTICA 06. Plantilla

Generación de una plantilla de AutoCAD con los formatos de texto, acotación, sombreado, tipos de línea, grosores de línea, capas, directrices, escalas…, trabajados durante el curso, personalizados.

1. Crear una serie de capas básicas organizadas con códigos, grosores, tipos de línea y colores

2. Crear estilos anotativos de texto y de acotación

3. Modificar o crear junto a la escala 1/50, otras como: 1/5, 1/20, 1/200, 1/500, 1/2000 y 1/5000

4. Incluir las presentaciones con el cajetín diseñado para la impresión en A3 a escala 1/50

5. Crear la plantilla con extensión: DWT, guardar en la carpeta de plantillas y abrirla

7

IMPRESIÓN PDF

Anteriormente ya hemos configurado todos los ajustes de presentaciones e impresión ahora procedemos a imprimir. Es importante después de la generación de los archivos en PDF comprobar que todo está correctamente, grosores, márgenes, colores...

7.1. Impresión desde Espacio Papel

Seleccionada la presentación,

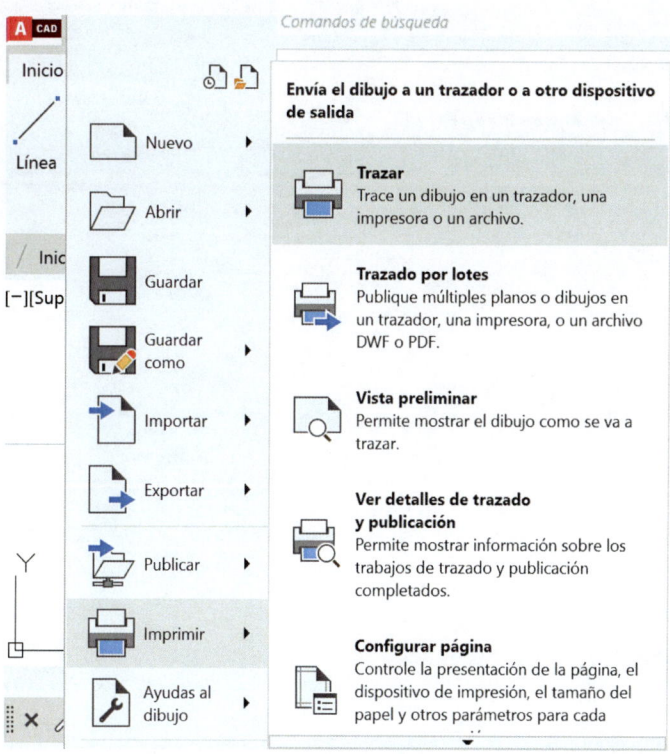

Comando:	_PLOT	TRAZAR

Se elige la calidad de impresión. No se cambia la escala.

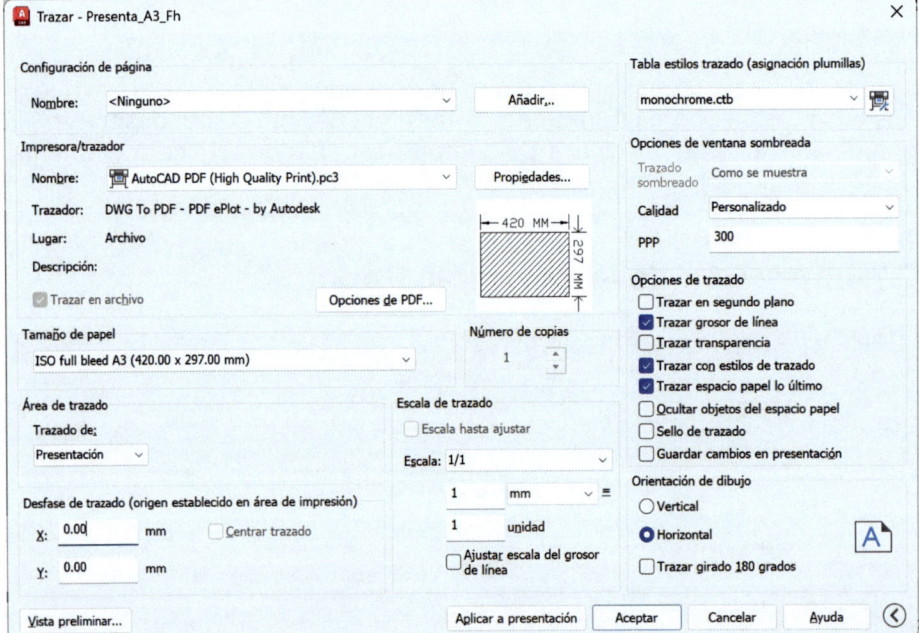

7.2. Impresión desde Espacio Modelo

Debe definirse la escala 1/50 como escala de impresión, escoger el tamaño de papel y sus bordes, así como establecer la ventana de lo que quiere imprimirse, orientación de papel, estilo de impresión monocromo... cada vez que se quiera imprimir, pues todos estos ajustes no se guardan.

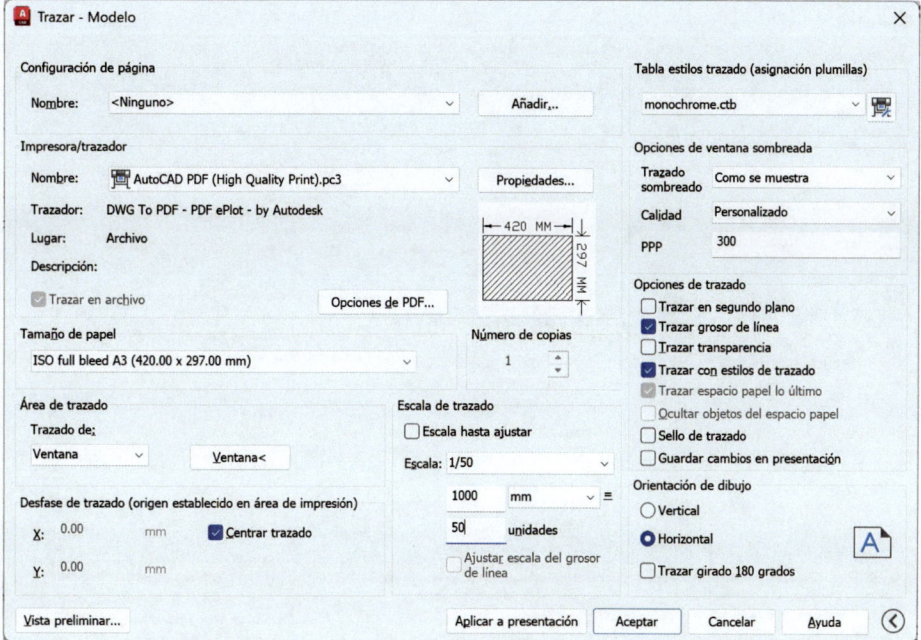

7.3. Impresión conjunta

Para imprimir de forma conjunta varios planos se puede recurrir a este sistema.

Comando:	_PUBLISH	PUBLICA

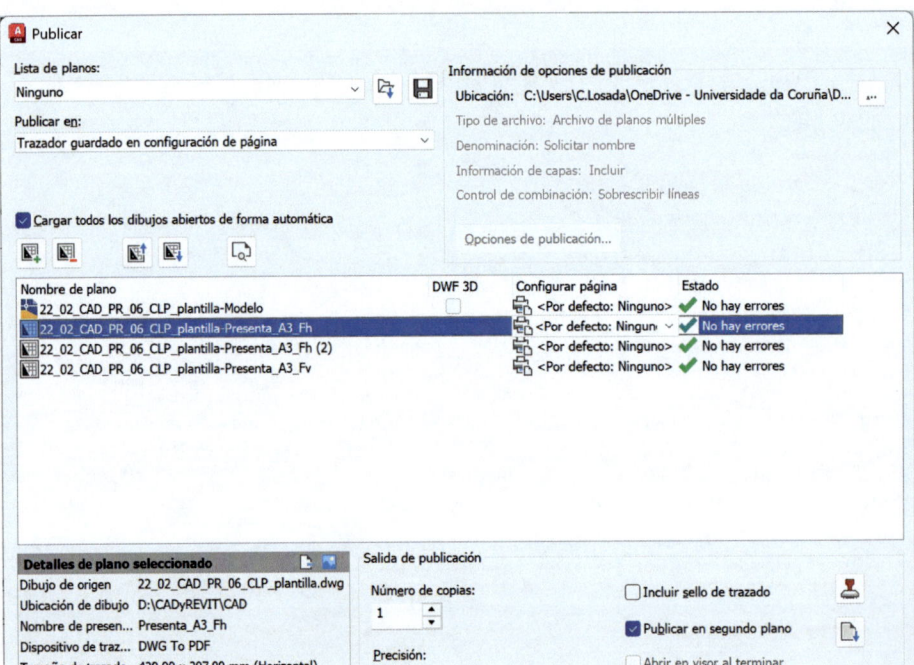

8

LISTA DE COMANDOS

Lista de comandos en inglés (con guion bajo delante para otros idiomas), el correspondiente a español y el abreviado, utilizados en este documento:

**Guía de comandos y métodos abreviados
de teclado de AutoCAD ı Autodesk**

_ARC ARCO A, 10, 14

_ARRAY MATRIZ MA, 12, 14

_CIRCLE CIRCULO C, 9, 14

_COPY COPIA CP, 11, 14

_DIMORDINATE ACOCOORDENADA, 47

_DIMSTYLE ACOEST, 31, 45

_DWGUNITS, 27

_DYNMODE, 43

_ERASE BORRA B, 10, 14

_EXTEND ALARGA AL, 11, 14

_EXTERNALREFERENCES REFEXTERNAS, 47

_FILLET EMPALME, 11, 14

_HATCH SOMBREA, 22, 24

_HATCHEDIT EDITASOMBREA, 22,24

_IMAGEATTACH, 14

_LAYER CAPA, 17, 24

_LINE LINEA L, 9, 14

_LINETIPE TIPOLIN, 15, 24

_LTSCALE ESCALATL, 16, 24

_MIRROR SIMETRIA SI, 11, 14

_MLEADER DIRECTRIZ, 20, 24

  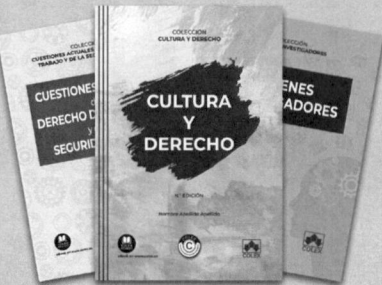